少女の解放の物語

あさのあつこ《ナビゲーター》が選ぶ
キャラクター名場面

「単なるハッピーエンドではない。
サツキが重荷を降ろすための物語」
とあさのさんが語るトトロの世界。コメントとともに
少女・サツキの心のありようを焦点に選んだ名場面！

ネコバスとの出会い

それはネコバスが
ました」
れる。
出会った。

背負っているもの

母が不在の中、
サツキは重い荷物を背負っている。

「メイが学校に来てしまった時も
受け止めようとしていますが、
それは本来、
姉の役割ではないはず」

物語の中に
人が生きている

たとえば少年が
ぶっきらぼうに傘を差し出す。
少年の少女への思い。
サツキは思いがけずカンタの温かさを感じる。

不思議なことは
夜起こる

「光の世界とは違う、死と隣り合わせの闇の中で起こることに意味がある」

ネコバスをバス停で待つトトロに出会うのも夜。
木々が成長し、トトロにつかまって
姉妹が空を飛ぶのも夜。

トトロ、助けて！

トトロの胸（?）で泣くサツキ。

「トトロに出会って真情を吐露する機会を得なければ、サツキはつぶれてしまったのではないでしょうか」

めい行きネコバス

サツキと一緒に
トトロはネコバスに乗らない。

「一緒に乗ってしまったら、
サツキはこれからも一人で
歩いていけないのだと思う」

さよなら！　ネコバス

「ネコバスがすっと消えていく時、
とても切ない。
サツキはトトロやネコバスが
見えるぎりぎりの年頃を
生きているから」

サツキはいつまで
トトロの世界が見えるんだろう。

緑という境界線

物語は緑豊かな田舎に姉妹が引っ越してくる場面から始まる。
「圧倒的な緑が、現《うつつ》と現でないものの
境界線の役割を果たしていますね」

ススワタリ

「古い家って〝いる〟んですよね。
神様より軽い、
なにかをなにかたらしめる
ユーモラスなものが。
私が子どもの時にも祖母が
同じような話をしていたものです」

眼鏡風呂

「家族みんなでお風呂に入る。
こういう眼鏡風呂は私が子どもの時には
まだ見かけることができたし、
私も外に焚口《たきぐち》のある
五右衛門風呂に入っていました」

ジブリの教科書3

となりのトトロ

文春ジブリ文庫

ジブリの教科書3　となりのトトロ　目次

Part4

作品の背景を読み解く

GHIBLI

ジブリの教科書3

となりのトトロ

トトロのとなりで。
——少女の解放の物語

ナビゲーター　あさのあつこ

久しぶりに『となりのトトロ』を見た。

あっ、やっぱり。

そう思った。いや、感じた。

やっぱり、感じた。忘れていなかった。

『となりのトトロ』を見る度に感じるものがある。どこかに引き戻されるような、遥か遠くに連れ去られるような、そのくせ自分の〝今〟を痛いほど強く意識させられるような、不思議な、そして、温もりのある感覚だ。

最初に『となりのトトロ』を見たときも、二度目に見たときも、三度目に見たときも感じた。今回は何度目だろう。ストーリーはもちろん、印象的なシーンもほとんど記憶しているはずなのに、夢中で見入っていた。わたしだけではない、二歳の孫も、その母親である二十代の娘も、六十をとっくに超えた夫もみな、ほとんど動かず、しゃべらず、画面に目を向けていた。

見終えて、ふっと外へ向けた視線の先に、暮れようとする空があった。束の間、おそらく一秒足らずの間、その茄子紺色の空が現《うつつ》のものなのかトトロの森の天空なのかわからなくなる。軽い目眩さえ覚えた。目眩は瞬きする間に消えてしまったけれど、不思議な感覚だけは残り、心の芯を仄《ほの》かに温めてくれた。

舞台は昭和三十年代、日本という国が高度経済成長へと突き進んでいる最中《さなか》のころだろうか。わたしが生まれ、少女期を過ごした日々とぴたりと重なる。わたしは岡山県の北東部に位置する小さな温泉町に生まれ育った。東西南北、どちらに向いて歩いても五分足らずで山裾にぶつかる。そんな山間の町だ。主要産業は温泉観光と農林業。旅館や飲食店、土産物屋さんの並ぶ町並みを一歩外れると、山と雑木林と川と田圃ばかりが広がっていた。

だから、『となりのトトロ』の風景も、立ち上る気配も匂いも音も人々の息吹も感触も、よぉく理解できた。心底、わかる。

田に水が入ったときの土と水の混ざり合った独特の香り、存分に葉を茂らせた雑木林の匂い、日の加減によって様々に色を変える水面、木造校舎の軋《きし》む音、蛙や蟬の大合唱（蛙も蟬も何種類もいて、時刻や季節、場所によって、あるいはこちらの気分によって、鳴き声が違ってくるのです）、畦道《あぜみち》の湿り具合、小川を遡上する銀鱗《ぎんりん》の煌《きら》めき、一人前は無理でも半人前以上の労働力として認められる子どもたちの誇りと苦痛、農作業の合間に食べる握り飯のいつもより、ちょっぴり濃い塩味、風呂を焚《た》きつけるときの炎の熱さと目に染みる煙、木々が茂り、緑が全てを覆い、人でも獣でもない何かがいても不思議でない山の奥……何もかもを生身の感覚として理解できた。

わたしが、「あっ」と声をあげそうになったり、実際、声をあげた（それは、とても小さなもので、呟きに近かったとは思いますが）場面が幾つかあるけれど、最初は、お風呂だった。

眼鏡に似た形をしたタイル張りのお風呂にわたしは何度か入ったことがある。昔、昔のことだけれど。

先に書いたように、わたしの故郷は温泉町だ。観光用の温泉場とは別に町民が格安で入れる〝ムラ湯〟なるものがあった（ムラはおそらく村なのだろう。わたしが生まれる一年前に町村合併があったとか。手元にある町史をめくれば、合併を祝って山車《だし》はくり出すわ、パレードはあるわ、町をあげての大層な賑わいだったようだ。平成に入ってやはり合併騒ぎの末に町は市へと変わったけれど、ン十年前の白黒写真から伝わってくる熱気はどこにもなかった。時代そのものが熱を失い、冷えていく。その証なのかもしれない)。源泉掛け流しで微かに硫黄臭がして、薄暗いムラ湯にわたしたち子どもは、とおに飽きて、倦《う》んでさえいた。今思えば、なんと贅沢な厭倦《えんけん》だったことか。でも、子どもって、本来、贅沢なものなのだ。親の財力や地位にまったく関係なく、贅沢な浪費家だと思う。このときにしかない〝今〟を贅沢に使い尽くす。いや、使い尽くして欲しい。貪欲に贅沢に浪費して欲しい。

ススワタリ(マックロクロスケ)、ネコバス、トトロに出会える今、風に乗れる今、空を飛べる今、本気で泣ける今、一瞬の光の煌めきやもぎたての胡瓜《きゅうり》の味に歓声をあげられる今、艶やかなドングリ一つに心から喜べる今、全てを忘れぐっすり眠れる今。それらは、子どもでしか味わえない悦楽だ。

サツキとメイと父さんが、オート三輪車に荷物を積んで引っ越してきた日、手のひら足裏を黒くススで汚したサツキとメイに、隣家のおばあさんが言う。

「ほぉほぉイヤイヤイヤ……、こりゃススワタリが出たな」

「だあれもいねぇ古い家にわいてー、そこら中ススとホコリだらけにしちゃうのよ」

おばあさんは、ススワタリをちゃんと知っていたのだ。おばあさんは、笑い顔のまま、こう続ける。

「小ちぇ頃には、わしにも見えたが、そうかぁ、あんたらにも見えたんけぇ」

そして、さらに「そりゃ妖怪ですか？」と尋ねるお父さんに向かって笑みをさらに深くして答える。

「そったら怖ろしげなもんじゃねぇよ」

「ニコニコしとれば、悪さはしねぇし、いつの間にかいなくなっちまうんだ」

「今頃天井裏で、引っ越しの相談でもぶってんのかな」

おばあさんの言葉に、サツキとメイは視線を天井へと向ける。天井裏では、おばあさんの言う通り、ススワタリたちが集まり引っ越しの相談（？）をぶっていた。

これからサツキたちが生きる世界の豊潤さを垣間見せてくれるすてきなシーンだ。まったく余談事だが、天井裏に置かれた鶴亀の縁起扇の載った御幣《ごへい》が懐かしくもあり、印象的でもあった。

すてきなシーンなのに、わたしは軽い震えを覚えた。

おばあさん、もう見えないいんだ。

「小ちぇ頃には、わしにも見えたが、そうかぁ、あんたらにも見えたんけぇ」

この科白《せりふ》が胸にとんとぶつかって、心に浅い傷を作る。そういえば、お父さんにも見えない。

「お化け屋敷に住むのが、子どもの時からお父さんの夢だったんだ」

娘に向かって、こんなふうに言える父親、トトロに出会ったと言い張る幼いメイに、

身を屈め、視線を合わせ、本気で、

「メイはきっと、この森の主に会ったんだ。それは、とても運がいいことなんだよ。でもいつも、会えるとは限らない」

と語ることのできる父親もトトロに出会うことはできないのだ。ネコバスに乗ることはできないのだ。サツキとメイがトトロたちと一緒に、大きな大きな樹を夜空へと伸ばしたときも、トトロに乗っかって風になったときも、どこか気配は感じても見ることはできなかった。トトロの風を心地よく感じながら、一心に仕事に励む父親の姿は、大人そのものだ。おばあさんも、そうだ。優しくて思いやりがあり、豊かな知識と言葉を持っている。自分の身体を使って働くことを知っている。大地の恵みに感謝しつつ、自然の理の内でささやかに生きる術を熟知している。本物の大人ではないか。

お父さんもおばあさんも、掛け値なしの大人だ。今現在、横行している年を経ただけのエセ大人ではない。子どもを見くびることも、蔑《ないがし》ろにすることもない。自分の思いや意見を押し付けることをしない。自分に課せられた責任を淡々と誤魔化さず果たそうとする。労働の価値も研究の意味も子どもたちと共に生きる喜びも、頭ではなく心で理解している。

理想的な大人像だ。こんな大人が傍にいてくれる子どもは、生まれ落ちたときから幸せを約束されている。どんなに貧しくても、淋しくても、辛いことが多くても幸せだと言い切れる。子どもを幸せにできてこそ、大人は大人だと胸を張れるのではないか。お父さんもおばあさんも、決して胸を張ったり、鼻を高くしたり、どうだと見下ろしたりはしないだろうけれど。

そんなお父さんでもおばあさんでも、見えない。出会えない。仄かに感じることしかできない。トトロたちは、子どもである一時、人の前に現れる存在なのだ。どんなにりっぱであっても、誠実であっても、純粋であっても、本気であっても大人は駄目なのだ。本物、エセの別を問わず駄目なのだ。

何だか、せつない。わたし自身が失ってしまったものが何なのか言葉にはできないのに、いや、できないからせつない。『となりのトトロ』って、こんなにせつない物語だったんだ。

子どもたちよ、子どもである今を、トトロの世界に触れられる今を思いっきり贅沢に生きて。将来のために今を犠牲にするなんて愚かな真似をしないで。今でなければ見えないものが、出会えないものが、知り得ないものが、感じられないものが、この世にはあるんだよ。追い立てられるのではなく、ゆっくりと歩いて。全身全霊で子どもであることを享受して。贅沢に、贅沢に豊かに生きて。

せつなさに煽《あお》られたのか、そんなことを告げたい気持ちに駆られてしまう。うん？ちょっと待って、わたし、お風呂の話をしていなかったっけ。その前が市町村合併がどうのとか「あっ」と声をあげそうになったとか……。あっ、そうです。お風呂です。眼鏡の形のタイル張りのお風呂です。サツキたちが引っ越してきた家のお風呂、わたしの友だちの家にもあったのです。

源泉掛け流しの温泉場に飽いたわたしたちは、順繰りにそれぞれの家風呂巡りをしようと決めた。そのころには、各戸にだいたい風呂場がある時代となっていたのだ。温泉町のことゆえ、友だちには旅館の娘も息子もいた。「おれんちの風呂、檜風呂と岩風呂と露天だけ。あっでも、露天は今、工事中じゃけん入れん」「うちとこは、洞窟湯になっとるよ」「お客さんがおらんかったら、泳いでもええって。けど蛙泳ぎ（平泳ぎ）だけな」などと、ある意味すごい会話をしょっちゅう交わしていた覚えがある。でも、わたしたちは、どのようなものでも温泉には飽き飽きしていた。ごく普通の、お風呂に入りたかった。いや、やっぱり無茶苦茶贅沢だった。お風呂巡りがどうのと騒いでいたときから、既に半世紀近くが過ぎようとしている。故郷の町の旅館は、大半が潰れたり所有者が変わってしまった。友人の旅館たちも例外ではない。もう気軽に「あんたとこの温泉、入ってもええ」なんて言えなくなった。贅沢な時間は、とおに彼方に去っていたのだ。あぁ、もったいないことをしてしまった。

ともかく、ともかく、友人の家のお風呂が眼鏡風呂だったのです（ここから、全然進んでいません、ごめんなさい）。もちろん薪風呂で、周りが鉄で踏み板を沈めて入る式の、いわゆる五右衛門風呂だった。因《ちな》みにわたしの家も、薪で焚き（焚き口は外にあった）、踏み板を使う式の五右衛門だったが、何の変哲もない長方形の湯船だった。

丸い二つ並んだ浴槽が珍しくて、楽しくてはしゃぎ回ったのを記憶している。周りが薄青とサーモンピンクの小さなきれいなタイルで、お花畑にいるみたいだと感じた。花畑のお風呂に毎日入れるなんてと、友人が羨ましくてならなかったことも記憶している。

サツキたちのお風呂をわたしは知っている。

薪で焚いた湯はじんわりと身体に染みてくる。ボタン一つで勝手に溜まるお湯とは微《かす》かに異質の温かさ、湯冷めしにくい温かさ（保温も保湿も、温泉の方が上だろうけれど）がある。風の音も笑い声も、とてもよく響いてくる。そういう諸々を知っているのだ。

嬉しくなる。知っている、知っている。わたしはサツキと同じ少女としてあの時代を生きていたのだと、確信する。もしかしたら、わたしもトトロに出会っていたかもと、思いを手繰り寄せてみたりもする。どうだろう？　どうだろう？　どうだろう？

お風呂を沸かすために、廃材だろうか柴だろうかサツキが薪を抱え上げたとき、一陣の強い風が吹き当たり、腕の中の木々を大樹の頂きまで運び去ってしまう。

あ、ネコバスだ。

わたしは思った。今回、何度目かの映像を見て、やっとわかった。ネコバスが今、サツキの傍らを走り過ぎたのだと。むろん、サツキは知らない。ただ、何かを感じ、不思議そうに、少し不安そうに夜空を仰ぐ。ここでも、わたしは「あっ」と声をあげていた。小さな誰の耳にも届かない叫びだ。

大樹に向けたサツキの表情が、わたしに思い至らせる。もしかして、わたしもこんな顔、してたんじゃないだろうか。

これも昔、昔のことだ。

わたしの家の庭に井戸があった。サツキの家のようにポンプを使うのではなく、釣瓶《つるべ》で汲み上げる式のものだ。水道が完全に普及して、井戸は無用の長物になろうとしていた。病を苦に井戸に身を投げた娘がいるだの、子どもが落ちそうになっただの、真偽のほどは定かでない噂がたまに立つたびに、我が家でも、井戸を埋めようかという話が持ち上がるのだが、いつの間にか消えてしまう。

その日、母に問うたのは近所の家が井戸を潰したと聞いたからだ。

「お母さん、うちの井戸はそのまんまにしとくん」

「当分は、な」

「埋めんの」

「埋めんよ。主《ぬし》がおるけえね」

「主？」

主って何よと重ねて問う前に、母はわたしに背を向けて出て行ってしまった。当時、教師という仕事を持ちつつ子ども三人を育てていた母は、いつもばたばたと走り回っていたのだ。わたし（サツキより少し幼かったかもしれない）は、凝り性と飽き性が同居する父が井戸の周りに敷き詰めた玉砂利の上に座り、井戸を見詰めてみた。

主がおるけえね。

あのときのわたしは、黙って見ていれば井戸から主が出てくると考えたのだろうか。砂利の感触は覚えているのに、自分が何を考えていたかは忘れてしまった。どのくらい座っていたのかも覚えていない。ただ、ひゅっと風が吹いて庭の木々が揺れた、その瞬間、視界の隅を白い影が過《よぎ》った気がした。万年青《おもと》の葉がかさりと音をたてた気がした。微かに甘い匂いを嗅いだ。それだけのことだ。白い影や甘い匂いは錯覚だったし、音は風がたてたものかもしれない。でも、わたしは何かを感じた。主が現れたとは思わなかったが、何かがいると感じてしまったのだ。怖くはなかった。恐怖を誘うような気配は微塵もなかったのだ。

サツキがネコバスと擦れ違ったように、ネコバスがサツキの傍らを通り過ぎたように、わたしも子どものとき、何かに出会っていたのだ。きっと、そうだ。そんなふうに思えることが楽しい。自分の子ども時代がきれいな色に上塗りされたみたいだ。『となりのトトロ』にはそういう力がある。人の生きた軌跡を美しく塗り替えてくれる。いや、塗り替えるんじゃない。もとからそこにあった美しいものを思い出させてくれるのだ。あなたはここまで、美しく生きてきたのですよと、語りかけてくれるのだ。大いなる肯定の物語。まさにトトロのあの円やかな姿そのままに、わたしたちの過去も現在も無条件に肯《うけが》ってくれる。そう気がつけば、トトロはもうあの姿でしか考えられず、この映画で初めて目にしたはずなのに、ずうっとずうっと以前から知っていたと固く信じてしまう。造形の勝利だなんて陳腐な称賛はしない。人の生を肯《がえん》じ、人間の存在を受け入れようとする心が形を持つとしたら、トトロそのものになるのだ。あのトトロ以外、大いなる肯定は表せない。わたしは、メイがトトロの胸（ですよね）で寝入ってしまう場面が大好きだ（なぜか、何度見ても涙が出る。子どもが安心して眠れる場所は、全てを受け止めてくれる場所でもある。メイは、ここがまるごとの自分を受け止めてくれる所だと本能的に悟ったに違いない。母の腕の中の次ぐらいに、寝心地はよかっただろう。願わくは、トトロの胸が全ての子どもたちに保証されますように）。

ちなみに（またまた、まったくの余談ですが）、わたしの家の井戸は数カ月後に潰された。父の意向だったらしい。わたしは、やはり母に問うた。問わずにはいられなかった。

「お母さん、主はどうだった」

母の答えは、実にあっさりしていた。

「おらんかったよ。この前、井戸浚《さら》えしたときはおったのにな」
「……お母さん、主って見たことあるん」
「あるよ、こんくらいの（母は両手を一メートルぐらい広げた）大きな山椒魚《さんしょううお》やで。あっこにも、見せてあげたかったな。ほんま、どこに行ってしもうたんやろか。死体も骨もなかったんよ、不思議」

山椒魚よりトトロに会いたい。サツキやメイでなくても、そう思う。でも、わたしの子ども時代に、わたしの家の井戸で生きて、人の知らぬ間に消えてしまった大山椒魚のことも白い影の記憶と共に、死ぬまで忘れずにいようと思っている。

何だか話があちこちして、つい、自分の過去へと流れてしまう（ごめんなさい）。『となりのトトロ』は昭和三十年代を生きた者にとって懐かしい作品だ。あのころ、当たり前にあったのに、今はもう跡形もない諸々をわたしたちに見せてくれる。突きつけるのではなく、そっと見せてくれる。しかし、決して失ったものへのオマージュでも懐古物語でもない。過去を貴重な遺物として飾ったりはしない。今このときも生き生きと輝きわたしたちを照らす物語だ。普遍という言葉が適切かどうか悩むところだが、時代を超えた存在、時代に便乗することも取り残されることもない存在であり続けるだろう。優れた児童文学がそうであるように。

そう『となりのトトロ』は、最上級の児童文学でもありうる。姉と妹、娘と父親、人と人との関係、引っ越し、新しい住まい、母親の不在と母への想い、母を求める旅、迷子、現実と異世界の交差、子どもに対する絶対的な信頼。そして、なにより一人の少女の解放がある。

大いなる肯定の、最上の児童文学の、少女の解放の物語。それが『となりのトトロ』なのだ。サツキは、トトロによって解放された。母のいない家庭で妹を守り、父を助け必死に頑張るサツキ、明るく賢く礼儀正しく、妹をちゃんと庇護できるサツキ、彼女を見ていると少し息苦しくなる。そんなに頑張らなくても、そんなに明るく楽し気に振舞わなくてもいいのだよと抱きしめたくなる。トトロに出会うことで、サツキは重い荷物を少しだけ下ろせたのではないだろうか。本気で笑い、本気で泣き、本気で縋《すが》ることができた。

「どうしたらいいか、わからないの」

サツキがトトロの胸（ですよね）で弱音をはき泣き崩れたとき、わたしはほっと息を漏らした。これで、この子は壊れずにすむと安堵した。トトロに出会わなければ、サツキはいつか自壊していたのではないだろうか。

トトロはそういう子どもたちの前に現れるのかもしれない。どこかに欠落を抱えた子どもたちの前に。同じ子どもであっても、カンタに見えないのは、彼が満たされているからなのか。求め続けていないからなのか。心のどこにも底なしの穴が穿《うが》たれていないからなのか。わたしにはわからない。
トトロ、トトロ。何とも言えない愛嬌があって、可愛くて、凜々しくて、不思議で、解放と再生を促してくれるトトロ。会えるものなら、たった一度だけでも会いたい。あの胸（ですよね）で、心行くまで眠ってみたい。どうにも叶わぬ夢だとわかっているのに、ふっと願ってしまう。

あさの・あつこ◉一九五四年岡山県生まれ。青山学院大学文学部卒業。小学校講師を経て、九一年作家デビュー。『バッテリー』で野間児童文学賞、『バッテリーⅡ』で日本児童文学者協会賞、『バッテリーⅠ〜Ⅵ』で小学館児童出版文化賞受賞、『たまゆら』で島清恋愛文学賞を受賞。主な著書に『バッテリー』『Ｎｏ・６』『ガールズ・ブルー』『燦』など各人気シリーズのほか、『弥勒の月』『火群のごとく』などがある。

Part1

映画『となりのトトロ』誕生

一九八八年四月に公開された『となりのトトロ』は歴代スタジオジブリ作品の中でも不動の人気を誇る。

高畑勲監督『火垂るの墓』と二本立てのプロジェクトで始まったこの映画は、もともとは六〇分程度の中編の企画。

長編になったプロセスや、鈴木敏夫プロデューサーによる当時の現場の様子を紹介。

スタジオジブリ物語 『となりのトトロ』編

企画の変遷

スタジオジブリ第一作となった『天空の城ラピュタ』の成果を踏まえ、宮崎駿監督によるスタジオジブリの第二弾の準備が始まったのは、『ラピュタ』公開後すぐの一九八六年秋。宮崎監督が次回作として提出した企画が『となりのトトロ』だった。『となりのトトロ』は、以前から宮崎監督が温めていた企画の一つ。まだＴＶが普及する以前の東京の郊外を舞台に、そこに引っ越してきた女の子と、森に住むふしぎなおばけの「トトロ」との交流を描く内容だ。この企画は、日本アニメーション製作のＴＶシリーズ『母をたずねて三千里』（一九七六年放送）で宮崎が場面設定とレイアウトを担当していた時、厳しいスケジュールにもかかわらずその間に描いた個人的なスケッチが始まりだった（絵には「75」と記載があるので一九七五年に描かれたらしい）。特に映像化のあてがあったわけでもなく、絵本に出来ないだろうかと思いながら描かれた絵には、雨のバス停でおばけに出会う女の子というシーンや、ネコバスのようなキャラクターがすでに盛り込まれていた。この時は絵本にも映像にもなることはなかったが、そのモチーフは宮崎監督の中で生き続ける。その後、東京ムービー新社の関連会社テレコム・アニメーションフィルムで初の劇場用長編監督作品『ルパン三世 カリオストロの城』（一九七九年公開）を制作後、多少空いた時間が出来た宮崎監督はふたたびこの企画に向き合う。イメージボードを新たに何枚も描き、スクラップブックにまとめられたそれらの絵は『となりのトトロ』という新企画提案として会社に提出された。ちなみに、『トトロ』という名前は〝所沢にいるとなりのおばけ〟がつまって生まれた言葉。

さて、『となりのトトロ』の企画はこの時テレビスペシャル化などが検討されたようだが、商業的に成立するかどうかが危ぶまれ結局映像化は実現せず、スクラップブックは宮崎監督のもとに返却された。その後、宮崎監督はテレコムを出て、『風の谷のナウシカ』を監督。『ナウシカ』は一九八四年に公開され大きな反響を呼び、スタジオジブリの設立と次回作製作が決定。この『トトロ』の企画も次回作候補のひとつとして『もののけ姫』『ゲド戦記』などと共に検討されたがこの時も見送られ、製作されたのが『天空の城ラピュタ』だった。なお、『トトロ』のイメージボードは、一九八三年三月に出版された『宮崎駿イメージボード集』（講談社）や、『アニメージュ』一九八三年九月号の附録「風の谷のナウシカ／宮崎駿イメージ★ボード集」に部分的に収録されて世に出ており、映画化決定前から一部のファンにはその存在は知られていた。

さて、『ラピュタ』公開後に再度提案された『となりのトトロ』の企画だが、スタジオジブリの親会社である徳間書店からは難色を示された。企画そのものが地味で、『風の谷のナウシカ』『天空の城ラピュタ』という「宮崎駿＝SF活劇」という路線とはまるで違う企画だったのも、大きな理由の一つだった。徳間サイドからは、映画ではなくビデオ企画ならばOKを出してもよい、という提案もあったそうだが、宮崎監督はあくまで映画化にこだわったという。

二本立てプロジェクトの始動

実質的にジブリ作品の企画を担当していたアニメージュ編集部サイドは、『トトロ』の企画が上層部で拒否された後、更に案を練った。そこで浮上したのが、別作品との二本立て興行であれば、徳間書店幹部を説得できるのではないかというアイデアだ。この時、同時上映作として提案されたのが、野坂昭如《あきゆき》の小説『火垂るの墓』のアニメーション化だった。高畑勲監督と以前、同作のアニメーション映画化について話しあったことがあった、鈴木敏夫副編集長（当時）のアイデアだった。

こうしてスタジオジブリ第二弾は、六〇分程度の中編による二本立て企画として、まとめなおされた。だが、この企画もまた良好な回答を得られなかった。この時、鈴木は徳間書店幹部から「オバケだけならまだしも、さらに『墓』とは何だ」と叱責されたという。

再び企画は膠着状態となったが、『火垂るの墓』の版元である新潮社がこの企画に大きな関心を見せたことが突破口となった。様々な経緯を経て、『となりのトトロ』を徳間書店が、『火垂るの墓』を新潮社がそれぞれ製作し二本立て公開するという異例のプロジェクトが、両社の社長同士の合意のもと具体的にGOサインとなり、ジブリ映画第二弾の企画が遂にスタートすることになった。一九八六年暮れのことである。

宮崎監督はこの頃、『トトロ』の企画書を執筆。日付は一九八六年十二月一日となっており、そこには「企画意図」として次のように書かれていた。作品の狙いが鮮明に表れた一文である。

「中編アニメーション作品『となりのトトロ』の目指すものは、幸せな心温まる映画です。楽しい、清々した心で家路をたどれる映画。恋人達はいとおしさを募らせ、親達はしみじみと子供時代を想い出し、子供達はトトロに会いたくて、神社の裏の探検や樹のぼりを始める、そんな映画をつくりたいのです。

つい最近まで『日本が世界に誇れるものは？』との問いに、大人も子どもも『自然と四季の美しさ』と答えていたのに、今は誰も口にしなくなりました。日本に住み、紛れもなく日本人である自分達が、出来るだけ日本を避けてアニメーションをつくりつづけています。

この国はそんなにみすぼらしく、夢のない所になってしまったのでしょうか。

国際化時代にあって、もっともナショナルなものこそインターナショナルのものになり得ると知りながら、なぜ日本を舞台にして楽しい素敵な映画をつくろうとしないのか。この素朴な問いに応えるには、新しい切り口と、新鮮な発見を必要とします。しかも、懐古や郷愁ではない快活なはつらつとしたエンターテイメント作品でなければなりません。

忘れていたもの
気づかなかったもの
なくしてしまったと思い込んでいたもの
でも、それは今もあるのだと信じて、『となりのトトロ』を提案します。」

最初のアイデアが生まれてから十年以上を経て製作が決定した『となりのトトロ』だが、しかし今度は配給について問題が起きた。徳間書店は前二作と同様、東映での配給を考えていたが、東映が「社風にあわない」ということで、二本の配給を断ったのだ。そこで徳間康快社長（当時）は自ら東宝に赴き直談判をし、一九八八年四月の公開を取り付けたという。

第2スタジオでの制作

こうして『となりのトトロ』の制作は始まったが、二作品同時制作のため、まず、作業スペースの問題を解決する必要があった。これまでの吉祥寺・井野ビルにあるスタジオ以外にもうひとつスタジオを開設するべく、周辺の物件を調べたところ、井野ビルからわずか一〇〇メートルほど先にビルが新築されていることがわかった。一九八七年四月完成予定のこのビルは、幸運にもテナントが未定で、かつ井野ビルと同じ不動産管理会社が管理していた。そこでさっそくこの新ビルの一室が新スタジオ用に契約され、第2スタジオと呼ばれることになった。ただし入居可能となるのが四月のため、それまでは別の場所で作業をしなければならない。井野ビル（第1スタジオ）には『火垂る』班が入ることになり、一九八七年一月からは高畑監督らがすでに作業を始めていたが、その第1スタジオの一角に、三月になって『トトロ』準備室が用意された。

準備室で宮崎監督は、まず、過去に描いた物とは別に、新たに九十枚ほどのイメージボードを描いた。ここで企画段階と大きく異なるのは、当初は女の子が一人だったのを、サツキとメイの二人（どちらも五月の意味）に分けたことである。この経緯については、鈴木は後に以下のように述懐している。

「当初、『トトロ』と『火垂る』は両方とも上映時間が六十分の予定でした。でも、宮さん（編注 宮崎監督のこと）は負けず嫌いでしょう。高畑さんの方がどんどん時間が延びていくので、宮さんは気にするんです。『どのくらい延びるの？』と聞くから、『八十分は超えるでしょうね』と答えると、宮さんは『このままじゃダメだ』と言い出したんです。最初、主人公はサツキとメイではなかったんです。メイだけしか登場しなかった。それを『分かった鈴木さん、姉妹にすればいいんだ。そうすれば話が長くなる』と言って変更したんです。」（『映画道楽』角川文庫）

こうして、当初六〇分程度の中編の予定だったものが、八〇分ほどの長編に変更された。

一九八七年四月。スタッフはようやく完成した第2スタジオに移動し、十三日にスタジオ開きが行われた。『トトロ』のメインスタッフだが、作画監督は世界名作劇場などで腕をふるってきた佐藤好春《よしはる》、美術監督は『妖獣都市』などを手がけてきた男鹿和雄《おがかずお》が担当。どちらも宮崎監督とは初顔合わせだった。色彩設計は『ナウシカ』『ラピュタ』に引き続き保田《やすだ》道世《みちよ》が担当。保田は高畑・宮崎の両監督に請われて二作品両方の色彩設計を担当したが、『火垂るの墓』をメインに担当し、『トトロ』は主な色彩設計を担当した上で、色指定のスタッフをもう一人立てることで難題を乗り切った。『となりのトトロ』にとって、大きな役割を果たしたのが美術だ。美術監督を探していた宮崎監督に『ラピュタ』の美術監督だった山本二三《にぞう》、野崎俊郎《のざきとしお》の二人がそろって推薦したのが男鹿だった。

男鹿は『男鹿和雄画集』（徳間書店）の中のインタビューで『トトロ』を引き受けた動機について「描く材料が昭和三十年代の郊外だっていうのが嬉しかったですね。それと、僕自身、初めてだったんですよ、美術に対して〝田園風景とか木とか草花とか、そういうものによく目を向けて描いて欲しい〟という要求を出す監督と仕事をするのは。僕もやってて、半ばぐらいからは、草花とか木とかをトトロと同格に考えていいんだな、と思いながら描くようになりましたから」と語っている。また、どこまで細密に描き、どこからを省略していくかという、そのバランスに苦心したという。『トトロ』への参加をきっかけにして、男鹿はその後も『おもひでぽろぽろ』『平成狸合戦ぽんぽこ』『もののけ姫』などの美術監督を務め、二〇〇七年には東京都現代美術館で展覧会「ジブリの絵職人 男鹿和雄展 トトロの森を描いた人。」が開催され好評を博した。

ところで『トトロ』の舞台については様々なことが言われているが、宮崎監督は制作当時、次のように話している。

「あの物語の舞台は、実はいろいろな所から取っているんです。聖蹟桜ヶ丘の日本アニメーションの近くとか、自分が子どもの頃見て育った神田川の流域とか、今住んでいる所沢の風景とか、みんなまざっちゃったんです。それに美術の男鹿和雄さんが秋田の出身だから、なんとなく秋田らしくもなってるんですよ（笑）。だから具体的に場所を決めたというわけではないですね」（『ロマンアルバム となりのトトロ』徳間書店）

そして『トトロ』制作のために行ったロケハンはほぼ一日限り、日本アニメーションの裏の方に、宮崎、佐藤、男鹿の三人で行っただけともこのインタビューでは答えている。

さて、一九八七年四月十八日、『となりのトトロ』と『火垂るの墓』の製作発表会が行われ、二作品の製作が正式に世間に発表された。徳間書店、新潮社の両社長と共に高畑、宮崎両監督も出席し記者会見を実施。宮崎監督はその場で改めて、『トトロ』という企画について次のように語っている。

「今まで外国とか、国籍不明の架空の国を舞台にした作品をずっと作りつづけてきて、だんだん自分の生まれ育った〝日本〟という国に借金がたまっていく気がしていました。自分の思う日本というのは、東京郊外の、まだテレビのなかったころの日本なのです。そこを舞台にしながら、郷愁とかなつかしみとかで映画を作るのでなく、いまの子どもをリアルタイムで楽しませるものにしたい」(『アニメージュ』一九八七年六月号)

四月二十八日には絵コンテの作業に宮崎監督は入り、他のスタッフもそれぞれの準備作業を進めた。六月下旬には佐藤作画監督によるキャラクター設定が上がり、絵コンテもBパートまで完成。そして七月一日に作画打ち合わせが開始され、作画イン。以後、スタッフはひたすら絵を描き続けた。そんな中、九月二十四日にはマイクロバス二台に分乗し、スタッフ揃って秋川渓谷へ「強化キャンプ」と称してハイキングに出かけている。宮崎監督の発案によるものだが、厳しい状況で作業が続く中、この日だけは思い切り遊んで英気を養おう、という意図で行われた異例の催しだ。その後も制作は進み、一九八七年の暮れには絵コンテが全パート（A～D）完成。年が明けて一九八八年二月二十一日には全原画アップ。音響作業も並行して行われ、遂に四月一日、東京現像所で初号試写が行われ、作品は完成した。第2スタジオはその役割を終え、四月三十日にスタジオを閉めた。

音楽と声の出演について

宮崎監督はこの映画に使われる歌について、当初からはっきりとした意向を持っていた。前述の企画書には、「追記　音楽について」として次のように書かれている。

「この作品には二つの歌が必要です。

オープニングにふさわしい快活でシンプルな歌と、口ずさめる心にしみる歌の二つです。（中略）

せいいっぱい口を開き、声を張りあげて歌える歌こそ、子供達が望んでいる歌です。快活に合唱できる歌こそ、この映画にふさわしいと思います。（後略）」

音楽は『ナウシカ』『ラピュタ』に引き続き、今回も久石譲に決定。そして、これまでの二作と同様に、まずイメージアルバムが作られることになった。映画に実際に使うサントラの音楽を制作する前に、イメージを膨らまし具体化するために生み出される様々な曲をアルバム化したものがイメージアルバムだが、今回は宮崎のこうした意向を受けて、イメージアルバムは歌集として制作されることに。そして歌詞を児童文学作家の中川李枝子《なかがわりえこ》に依頼することになった。中川の『いやいやえん』を読んで大きな衝撃を受け、以来ファンとなった宮崎監督たっての希望であり、中川はこれを承諾。最終的にアルバムは中川作詞の六曲、宮崎他の作詞による四曲のボーカル曲全十曲とインストゥルメンタル一曲の全十一曲の「イメージ・ソング集」として完成した。その中から中川作詞の「さんぽ」が映画のオープニングに、宮崎作詞の「となりのトトロ」がエンディングに使用され、いずれも子供達に広く歌われるスタンダードナンバーとなった。特に「さんぽ」は全国の保育園・幼稚園でほぼ必ず歌われる歌となり、日本で生まれ育った現在二十歳以下のほとんどすべての人が、この歌を歌ったことがあるのではないだろうか。

サントラ音楽は、久石得意のミニマル・ミュージックの要素を随所に取り入れて制作され、いたずらに神秘的ではなく、不思議でありながら親しみもあるという感じをうまく醸し出し、映画の世界に見事にマッチしていた。また、イメージソング集に入っていたインスト曲の「風のとおり道」はBGMとして劇中のいくつかの場面で使用され、『トトロ』のいわばもう一つのテーマ曲として大変強い印象を残した。なお、前二作は高畑監督がプロデューサーとして音楽の打ち合わせも行ってきたが、『トトロ』は宮崎監督が前面に出て久石と打ち合わせを行った初の作品でもある。

声の出演者で話題になったのが、とうさん役の糸井重里。言うまでもなく本職はコピーライターだが、糸井の起用は宮崎監督が要請したものだ。当初は普通にプロの声を使うつもりでオーディションが行われ、宮崎監督は録音したテープを音響監督の斯波重治《しばしげはる》から受け取ったが、候補者の声を聴いてもどうも適任者が見つからない。宮崎監督の求める声は、子供と友達でいられるお父さんであり、いわゆる普通のお父さんのイメージとはずれがあった。宮崎の感想を聞き、斯波はそういう声の人を探そうと考えたが、その日のすぐ後に宮崎監督から電話があり、直々に「糸井さんはどうですか」と提案があったという。一九八七年七月下旬、糸井は打ち合わせのためにジブリを娘と一緒に訪問しており、その時の〝お父さん〟としての振る舞いの印象が、とうさん役を選ぶにあたり恐らく宮崎監督の脳裏によみがえったのだろう。糸井本人に打診したところ「テストしてくださって結構です」との返事だったので、斯波はデンスケ（録音機）をかついで糸井の事務所を訪問し声を収録。結果が良かったのでとうさん役が正式に決定した。

ちなみに、糸井がジブリを訪問したのは『トトロ』と『火垂るの墓』のコピー制作を依頼されていて、作品のイメージディスカッションを行うためだった。糸井がジブリ作品のコピーを担当するのはこの時が初めて。『トトロ』について糸井は当初「このへんないきものは、もう日本にはいません。たぶん。」を考えたが、「このへんないきものは、まだ日本にいるのです。たぶん。」と改められた。この経緯について糸井は、『アニメージュ』一九八八年五月号のインタビューで「現実には、もういないんじゃないかなと、僕なんかは思うわけです。ただ宮崎さんが『そうかもしれないけれど、いると思って作りたい』とおっしゃって、確かにそう思っていないと映画は作れないと思ったんですよね。(中略)ただ、やっぱり『たぶん』はつけざるをえないんですね」と話している。この後、糸井はジブリ作品のキャッチコピーを十数年間担当していくことになる。

公開と反響

公開は一九八八年四月十六日。ゴールデンウィークの映画として、予定通り『火垂るの墓』と二本立てで東宝邦画系一二九館で公開された。興行期間は四週間の予定だったが、次の映画の公開が遅れたため、最終的に一週間増えて三十五日間の興行となった。当初客足はそれほどでもなかったが後半、のびてきたため、同年八月に二次興行が行われた。

最終的な配給収入は二本合わせて五億八八〇〇万円。観客動員数は八〇万一六八〇人。配給収入は『ラピュタ』と比べてほぼ横ばいの結果だったが、二本分の金額なので、一本当たりの数字で言えば下がったことになる。

その一方で、両作品は極めて高い評価を受けた。『となりのトトロ』は毎日映画コンクールの日本映画大賞と大藤信郎賞、キネマ旬報ベストテンの日本映画第一位と読者選出日本映画第一位、さらに山路ふみ子映画賞などを次々に受賞。『トトロ』の内容的成功により、映画界、そして映画ファンの間で宮崎駿の名はすっかり認知されるようになった。

レンタルビデオでも回転率はどんどん高まり、公開から一年後の一九八九年四月に日本テレビ系列で最初のテレビ放送が行われると、視聴率は二一・四%を記録。以後、何度放送しても高い視聴率を維持し続けた。劇場公開こそ振るわなかったものの、作品の評価が浸透するにつれ、アニメファンや映画ファンではない一般の人達にもその人気が拡大し、『トトロ』はスタジオジブリを代表する作品となっていった。また、キャラクターグッズもぬいぐるみを中心に売り上げを伸ばし、『トトロ』商品は常にジブリの商品化事業の中心を占めている。ジブリは一九九〇年代に入るとトトロを会社のマークとして使用するようになり、今に至っている。

汗まみれジブリ史

今だから語れる制作秘話！

二本立て制作から生まれた奇跡

鈴木敏夫

冒険活劇の次に

『ラピュタ』が終わって、次をやることになりました。『ナウシカ』が深刻な話になり、観る人の年齢層が上がったために、少年を主人公にして、本来の漫画映画の楽しさを伝えたいと〝血湧き肉躍る冒険活劇〟『ラピュタ』を作ったわけですが、じつはその時、僕は活劇に飽きていたんです。全然好きじゃないし（笑）。いえ、企画としては面白かったんですが、とにかく『ナウシカ』は作るのに夢中だったのに比して、『ラピュタ』は映画作りとしては二度目。僕はもともと飽きっぽいのでしょう。そうすると違うことをやりたくなるんです。

それで、非常に気になっていた企画に目をつけました。宮崎駿が長年温めていて、二〜三枚絵も描いていた『となりのトトロ』です。昭和三十年代の日本が舞台で、オバケと子供の交流を描く話です。これなら新しい気持ちで取り組めるんじゃないかと思って、「これを次やりませんか?」と宮さんに提案してみたんです。

最初に『トトロ』を作ろうと言った時、宮さんの頭にある監督は自分じゃなく、高畑勲さんでした。「監督は俺じゃないよ。鈴木さん、高畑さんのことを説得してよ」と言われたので、当時、阿佐ヶ谷にあった宮崎駿の事務所「二馬力《にばりき》」に高畑さんを連れて行きました。僕が間に入って説得するよりも本人同士しゃべってもらったほうがいいと思ったんです。宮さんは懸命に高畑さんを説得していました。

「こういう企画がある。僕はキャラクターは考えたけれど、ストーリーも考えてなければどういう映画にするかも何も決めてないんだ。だから高畑さんが中心になってやってよ。こういうのをやらせたら高畑さんのほうが俺より絶対うまいはずだから」

ところが高畑さんが首を縦に振らなくて、宮さんも諦めざるを得なかった。その帰り道、高畑さんと二人で、阿佐ヶ谷の駅まで一五分ぐらい歩く途中でお茶を飲んだんです。僕は言いました。「久し振りにふたりのコンビが復活して作品を作れば面白いと思いました」って。ところが高畑さんはこう言いました。「今回の企画は原作が宮崎駿で、僕が監督。そして、絵を描くのは宮さんになる。要は監督の僕はサンドイッチになるってことですよね。僕にとってはつらい企画になる」

そういう考えもあるのかと、勉強になりましたよね。それで『トトロ』を高畑さんで作るという案は消えるんです。でも、僕は企画そのものに対しては簡単に考えていて、みんなが賛成してくれると思っていた。そうしたら徳間書店の当時の副社長だった、山下辰巳さんが「もう少しなんとかならないのかな」と難色を示すんです。

あのトトロのキャラクターは、その時点を遡る十年前にも日本テレビのスペシャル案として宮さんが提案してるんですが、通らなかった。じつは宮さんのキャラクターというのは押し出しが強くないので、最初キャラクターだけを見て、「いい」と言う人はなかなかいないんです。つまり、宮崎駿のキャラクターというのは〝動いて〟初めて魅力がわかる。だから僕が「オバケと子供たちの交流を描く。舞台は昭和三十年代だ」といくら説いても、なかなか身を乗り出す人がいなくて、徳間書店もそうだったんです。僕としては困りました。

『ラピュタ』が上映されたあとで、宮さんと高畑さんと僕、そして山下さんと尾形英夫という僕の上司も含めて、みんなで銀座で食事をしたんです。その席で、一次もぜひやってもらいたい」という話になった時、『トトロ』の話が出ました。そしたら山下さんが率直におっしゃったんです。

『トトロ』という企画はなかなか難しい。やっぱり『風の谷のナウシカ』とか『天空の城ラピュタ』とか、外国語の名前のついたものをお客さんは期待するんじゃないか」

その言葉を引き受けたのが高畑さんでした。あらかじめ僕は、『トトロ』を次やりたいが山下さんに反対されていることを、高畑さんには伝えてありました。

「山下副社長がおっしゃったことは宮崎アニメのファンを代表した意見だろう。外国語の名前というのは山下さん独特の言い方で、それはいわゆる活劇のファンタジーという意味でしょう。たしかにお客さんはそれを望んでいる」。そして、高畑さんはこう続けました。「だとしたら、宮さんが作りたがっている『トトロ』みたいな作品はいつ作れるんですかね？」

うまい言い方ですよね。そしたら山下さんがちょっとたじろいで言うんです。

「高畑さんがおっしゃることはよくわかる。じゃあビデオで作りませんか？」

映画というのは、企画によっては何億円という赤字が出ます。冒険活劇ファンタジーだったらある程度数字が見えるけれど、『トトロ』は一本立てでやると、うまくいかないかもしれない。しかも赤字は数億円を予想されるという作品だったのです。それは、みんな、わかっていた。それで山下さんに「ビデオ」と言われたわけですが、悔しいじゃないですか。そこで初めて僕は燃えました。

二本立てでいく

僕の頭に浮かんだのは、『トトロ』一本じゃダメなら高畑さんにも作ってもらって二本立てにすればいいんじゃないかというアイデアでした。上司の尾形は非常に優秀なプロデューサーでしたから、そうなった途端に、「高畑さん、ぜひ作ってもらいたいものがある。自分の子供時代は戦争中で大変だったけど、戦後、大人がみんな自信を失っている時に子供たちだけは元気だった。そういう映画を作ってもらえませんかね」と言うんです。

僕は、尾形さんというのはすごい人だなと思いました。高畑さんも「それは面白いかもしれない」と答えるわけですよ。「じゃあ、あとは敏夫君頼むな」と尾形さんにあとを任された僕と高畑さんは、企画は何にしようかと話し合います。高畑さんは「こういう本があるんだけど、どうかな?」と、村上早人の『日本を走った少年たち』という本を持ってきました。東京の戦災孤児を扱った本で、帯の推薦文を書いていたのが野坂昭如さんでした。そして、二人でその本を検討していて、高畑さんが、「そんな簡単ではない」と言い出した時、僕が高畑さんに提案したのは、野坂昭如さんの『火垂るの墓』でした。

『火垂るの墓』が大好きだったんです。東京に出てきた十八歳の時に、『オール讀物』

で読んで以来、繰り返し繰り返し読んでいるぐらい好きだった。戦後、子供たちが元気になるというのではなく、死んでしまう話なので、「企画の趣旨が違っちゃうかもしれないけど、高畑さん『火垂るの墓』って知ってます？」と聞くと、高畑さんは未読でしたが、いろんなものに広く目を通している人なのでだいたいの内容は知っていた。「読んでみる」と言ってくれて、読んですぐ「面白い」と言ってくれました。

しかし、企画は決まったもののこの二本立ての案は、当時ジブリの現場の責任者だった原徹さんに、「一度に二本作るなんていうのは無茶だ。東映動画だってそんなことやったことはない。どうやって作るつもりなんだ」と言われました。当時は、今もそうですが、アニメーションがやれる人はそんなにいなくて、人の取り合いになることは目に見えているということですね。でも、僕は、それぞれが六〇分位の中編になるはずだから何とかなるんじゃないかと思っていました。

この二本案を山下副社長のところに持っていったところ、こっぴどく怒られました。『『トトロ』でオバケ、オバケなんて言いやがって、今度は墓か。オバケに墓とはなんだ！』。そんな矢先、僕の同僚の亀山の友人で、新潮社の出版部長をしていた初見さんと知り合いになるんです。この人は僕の家に本を集めた部屋があることを知っていて、ある日、そこを見たいと言って、相談をもちかけてきた。

「社長がアニメか漫画をやりたがっている。それをやめさせたいけれど、僕はアニメのことはわからない。その知識を手に入れたい。ついては鈴木さんの家で話したい、ほかの人に聞かれるのが嫌だから」

僕はその時にしめたと思いました。『火垂るの墓』の出版元は新潮社です。徳間書店が『トトロ』を作って、新潮社が『火垂るの墓』を作り、この二本を同時公開という形にすれば、これは様相がすべて変わるんじゃないかなという考えが頭に浮かんだ。そこでまずは初見さんの説得です。当初、初見さんは難色を示したのですけれども、なんとか協力体制を作ってくれた。その後、プロジェクトチームに今の新潮社社長の佐藤隆信さんなども入ってきてやることになるんです。

一方、今度は徳間のほうです。これには悩みました。徳間と新潮社が一緒にやるといっても、そんなに簡単には事が運ばないだろうなということはわかっていました。そこで、また考えたんです。新潮社と比較して徳間書店の歴史は浅い、社長の徳間康快は新潮社にコンプレックスを持っているだろう、だから新潮社の社長が徳間康快に連絡をすれば一発で決まるんじゃないかな、と。それで新潮社の社長に頼みに行くと、OKしてくれましてね。新潮社の社長が徳間康快に電話してくれて、あとはトントン拍子というこことになるんです。

ところが、またも興行の問題が立ちふさがります。この二本の企画を、徳間康快と山下副社長が、『ナウシカ』、『ラピュタ』を上映した東映に持ち込んだんです。するとあっさりと、「東映のカラーに合わない」と言って断られた。実際はそうじゃないんですよ。これじゃ金にならないってことです（笑）。徳間康快と山下さんは次に東宝に持っていくんですが、そこでも断られるんです。みなさん、おっしゃるのは、「オバケとお墓ではダメだ」ということです。

考えてみれば、日本映画で、墓というのがタイトルについている映画は極めて少ない。例外的に『八つ墓村』がありますが、あれはミステリーです。『野菊の墓』も、映画では『野菊の如き君なりき』というタイトルになりました。そのぐらい映画界は、墓という言葉に神経質になっていました。そりゃあ、そうですよね。やってうまくいかない時は何億もの赤字が出るんですから。

しかし、こちらとしては、東映にも東宝にもダメと言われればもう何も作れないことになってしまう。やっと決まったと思って喜んでいたら、そういうことが起きて落胆するわけです。そしたら徳間康快が東宝へ乗り込むんです。この時ほど徳間康快に感謝したことはありません。当時、夏でしたが、徳間康快にしてみれば新潮社の社長に頼まれたっていう経緯があるでしょう。何がなんでも決めなきゃ顔が立たないわけです。東宝が「いや、この作品二本じゃなかなか難しい」と抵抗すると、彼は言ったんですね。「わかった、じゃあ『敦煌《とんこう》』を東映に持っていく」。その頃、徳間は東宝と一緒に『敦煌』という超大作映画をやることになっていたから、それを楯に、脅したんですよ

（笑）。

慌てた東宝は公開を約束しました。ただし、公開日は四月一六日。それまでアニメーションの公開といえば春休みか夏休みか、ゴールデンウィークに限られていた。決まったはいいけれども、最初から大苦戦が予想される日程でした。でも、宮崎駿も高畑勲も僕も、そんなことは考えずに、ただ作りたいものが作れる喜びでいっぱいでした。

八八分対八六分の争い

二本作るということは、もうひとつスペースが必要だということで、吉祥寺にあったジブリのスタジオの近くにもう一軒スタジオを借りることになりました。スタジオ探しについては苦労はありませんでした。今まであったところを高畑さんが使って、宮さんは新しいところを使うとすぐに決まった。宮さんは新しいところが好きだから（笑）。

大変だったのは、スタッフでした。「スタート」と言ったその日のうちに、これまでのスタッフの主要どころは、宮さんが全部押さえた。早いですよね。ああいうところ、宮崎駿というのはすごかった。ただ、作画の近藤喜文《よしふみ》を、宮さんと高畑さんが取り合うということが起きてしまいました。

宮さんは、当時、林明子さんという絵本作家が描いた『はじめてのおつかい』を見て感動するんです。四歳とかの女の子って、歩く時に真っ直ぐ立って歩かなくて、必ず前のめりか、うしろにそっくり返って歩く。そのことを表現したのが林明子さんでした。宮さんは自分が絵描きだから、やっぱりそういうところを発見して、動きをつけたアニメーションをやってみたくなる。でも、自分が今までやってきたアニメーションはそうじゃない。じゃあ、リアリズムは誰が得意かと考えて、近藤喜文に目をつけるわけです。当時、近藤さんはまだジブリにいませんから、宮さんは彼を説得に行くんです。

一方、高畑さんです。僕が「絵描きはどうします？」と聞いたら「コンちゃんがいい」と、宮さんと同じ人を指名しました。この調整がなかなかうまくいかなかったんです。僕は、どっちが近藤さんとやるのがいいのかわからず、コンちゃんとは会いませんでした。生半可な気持ちで会っても首を縦に振らないだろうと思ったからです。

この時面白かったのが、宮崎、高畑、二人の対比です。宮さんは何度も足を運んでコンちゃんを説得する。しかし高畑さんは動かない。僕が「宮さん説得に行ってますよ。高畑さんは説得しないんですか？」と言っても、「それはプロデューサー側で決めてもらえばいい」と言うだけ。宮さんが親切に高畑さんのところに行って、「作画監督はこの人がいいよ」といろんな人の名前を出して推薦しても、高畑さんはそれに一切関心を示さない。とうとうある日、高畑さんに聞きました。「近藤さんがやってくれなかったら『火垂るの墓』って企画はどうなるんですか？」。高畑さんは「できないってことですよ」と簡単に言いました。ここまで積み上げてきたのに、この段階でそういうことを平然と言うのかと、驚きましたよね。

僕が決断したのはその時でした。宮さんは自分で描けばいい、と。

コンちゃんのところに行って、まず素直に聞きました。「ホントはどっちがやりたいですか？」。返ってきたのは「両方ともやりたい」。「どっちか選んでくださいよ」と頼むと、「僕は選べない。どっちを選んでも恨みを買うから。鈴木さんが決めてくれ、それに僕は従う。僕は誰にも恨まれたくないから」と言う。そこで僕は、「だったら『火垂るの墓』やってよ」とお願いして、その足で宮さんのところに行きました。

勘のいい宮さんは事態を察していて、怒って、その場で「やめる」と言いました。「明日から、腱鞘炎だって言って入院します。コンちゃんを取られた悔しさだとかなんとか人に言われるのが嫌だから、明日から入院する。これで『火垂る』も作れないでしょ」

面白い人なんです。僕はそういう時は抵抗しないで、怒らせるだけ怒らせておいて、宮さんが「帰る」というまで話を聞くだけ。編集者というのは、そういうものです。とにかく怒っているんだから、徹底的に怒らせるしかないと腹を括っていました。

そうすると次の日の朝、八時ぐらいに宮さんから電話がかかってきて、いきなり「コンちゃんのこと、殴った」と言うのでビックリしました。よくよく聞いてみたらそれは夢だったんですが、「気が済んだからやる」ということになり、それが『トトロ』のスタートでした。

宮さんという人は、高畑さんに対する思いが、愛したり憎んだりの二律背反なんです。やり始めてからもいろんなことがありましたけれど、一番困ったのは、六〇分ずつのはずの作品が六〇分ずつじゃなくなったこと。最初にそのルールを破るのは、当然、高畑さん（笑）。八八分になる。時間のことはちゃんと言ってあったのに、高畑さんにとっては関係ないんです。そしたら宮さんだって気になるじゃないですか。「高畑さんはどのくらいになりそうなの？」と聞いてくるんです。「ちょっと長くなりそうですね」。「六〇分じゃないでしょ？」。「そうですね、八〇分ぐらいですかね」。

このことが『となりのトトロ』に大きな影響を与えることになりました。『となりのトトロ』は本来、女の子とオバケの交流で、その女の子は一人だったんですが、高畑さんへの対抗心に燃えた宮さんは「映画を長くするいい方法はないかな」と言い出して、それで一人の女の子を姉妹にすることを自ら思いつくんです。サツキとメイは、宮崎駿の負けず嫌いの性格から誕生したのです。

いよいよ映画を作って、ポスターを描かなければいけないとなりました。もともとバス停でトトロと女の子が立っている絵があったんですけど、その時は姉妹でなくて一人だったので、宮さんも今度はトトロの隣にサツキとメイの二人を立たせようとしたんです。でも、うまくいかない。それで、女の子は、メイとサツキの合体になりました。あのポスターの絵をよく見ていただくとわかるんですけど、ヘアスタイル、背の高さ、着ている洋服は、サツキとメイを合わせたもの。メイちゃんでもないしサツキでもない。宮さん、そういうセンスは、ほんとうに面白いです。

宮崎駿の高畑勲への思いを表すエピソードをあげると枚挙にいとまがありません。『火垂る』の制作は遅れに遅れていきました。当初八ヶ月用意していた作画期間が大幅に延び、それに伴って製作費も膨らんでいくんですが、高畑作品八八分に対して、宮崎駿は八六分で作るんです。「二分でも短けりゃ誉められるだろ」と。あれは、どういう意味だったんでしょうね。いまだにわかりません(笑)。宮さんって人、いい人なんです。情が厚くて、お節介で。自分のほうも大変なのに、毎日『火垂るの墓』の過酷なスケジュールを正確につかんでいた。毎日毎日、そちらの制作を呼んでは調べていたようです。それで家に帰っても『火垂るの墓』の話ばかりするので、ある日、奥さんに「あなた『火垂るの墓』の話ばっかりしてるけど、いったい会社で何やってるの」と怒られたという宮さんらしいエピソードも残っています。

僕は、『ナウシカ』『ラピュタ』の時は、朝から夕方の六時まではジブリで過ごして、六時からは新橋の編集部に戻って仕事をしようと心がけていました。なにしろ雑誌を作らなきゃいけないですからね。月刊雑誌『アニメージュ』十二冊だけではなく、増刊その他もありました。ところが二本の映画を同時に作るということは、とられる時間が九時から六時では終わらなくなっていくんです。深夜零時ぐらいまで吉祥寺にいることになり、そこから一時間かけて新橋に戻って、夜中から雑誌作りにとりかかる。僕には雑誌のスタッフもいて、そちらもアルバイトを含めるとだいたい恒常的に約六十人ぐらいいました。当時の『アニメージュ』は二四時間体制で、朝の七時に大日本印刷が原稿をとりに来るんで、それまでに作らなきゃいけない。

そういう状況の中で『火垂る』が大変なことになってくると、最初のうちは『トトロ』と『火垂る』を等分に扱っていたのに、『火垂る』の打ち合わせが増えていくんですね。そうすると、宮さんは僕が夜一時ぐらいに新橋に帰る頃を見計らって会社に電話してくるんです。「打ち合わせしたい」って（笑）。僕は、午前一時からもう一回吉祥寺に帰らなければいけないわけです。打ち合わせといっても、たいした打ち合わせじゃないんですよ、無理やり作っているんですから。クレジットをどういう順番にするかとか。腹が立ちましたけど、真意は、要するにこちらにも気を遣えということです。次の日からちゃんと『トトロ』のほうも行って、それから『火垂る』に行きました（笑）。

僕の時間はいよいよなくなっていきました。でも、僕は絶対家に帰るんです。家に帰ってシャワー浴びて出て行くだけでも。よく電車の中で寝ていました。それでも面白かったので、なんともなかった。ただ『アニメージュ』の編集スタッフには迷惑をかけてしまいましたが。

幸せをもたらした作品

それまでの作品では、音楽は高畑勲に任せておけばよかったんですが、今回はそうはいきません。宮崎駿は『トトロ』ではじめて自分で音楽を手がけることになりました。どうしても制作が大幅に遅れている『火垂る』に時間を割くことが多かった僕も、『トトロ』の音楽については頑張りました。

宮さんと、『となりのトトロ』の主題歌をどうしようか、誰に詞を書いてもらうかを話している時に、二人で同時に同じ人の名前が口をついて出たんです。僕と宮さんの関係においてはそういうことが多々あるのですが、同時に「中川李枝子さん」と言ってるんですよ。『いやいやえん』の書き手です。僕が中川李枝子さんにそれを頼みに行きました。

ところが、そんな簡単にはOKはもらえませんでした。僕は知らなかったんですけど、『いやいやえん』という絵本は大ベストセラーで、何百万部というものすごい数が出ている。当然のごとく、この本を映画化したいと大勢の人が中川さんのもとを訪れるのですが、それを全部断ってきた人です。生半可な人じゃないわけです。彼女を説得するのには、ちょっと時間がかかりましたね。それでも何とか彼女が了解してくれて、それでああいう詞を書いてくれて、これはほんとうにありがたかったです。最後のほうは親しくなって、「『火垂るの墓』で困ってるんですよ」と言うと相談に乗ってくれたりしました。

ところが、です。そうして中川さんがようやく書いてくださった詞なのに、今度は、作曲家の久石譲さんに拒否されるんです。

まだ『トトロ』の中味も決まっていない時に、ぼくと宮さんの二人で子供が歌える歌が欲しいと、久石譲さんに相談に行ったことがありました。久石さんは「わかりました、チャレンジしてみます」と言ってくれたけれど、久石さんだって子供の歌なんてやったことない。有線で子供の曲を聴いて勉強したりいろんなことをやってくれたのですが、なかなか曲ができなくてね。そうしている間に中川さんの詞ができるんです。ところが、久石さんのほうは行き詰まってイライラしてるから、その詞を読んで、「詞先行で曲なんか書けない」と言い出すわけです。中川さんのことを久石さんもあんまりご存知じゃなかったこともありました。

紆余曲折がありましたが、僕が、当時坂本龍一さんと矢野顕子さんご夫婦がコンサートに招くぐらい中川さんのファンだという話をして、中川さんのことを説明すると、久石さんは俄然興味をもってくれるようになり、助かりました（笑）。そうして生まれたのが『さんぽ』をはじめとする、あの名曲です。久石さんはどうやって子供の曲を作ったらいいかを摑んだら、あとは一気でした。でき上がった曲に対して宮さんも喜ぶという幸せな状態が生まれ、それらの歌は後に全国の子供たちが合唱する歌になっていきました。

とにかく僕らが作りたくて作った『トトロ』の興行成績は、全然よくありませんでした。第一次興行というのを六週間やったところ、来たお客さんは四十五万人。これがどういう数字か、なかなかピンとこないでしょうけれど、『千と千尋の神隠し』は初日で四十五万人を集めました。つまり、『トトロ』の第一次興行四十五万人という数字は大赤字、それこそ数億円の赤字。当初みなさんが予想した通りの結果になったわけです。だからその時は、まさか後々、『トトロ』のおかげでみんなが幸せになるとは思ってもみませんでしたね。

実は宮崎駿が『トトロ』を作り出した時、最初の絵コンテでは、映画の冒頭からトトロが登場していました。宮さんというのはサービス精神が旺盛な人で、お客さんを喜ばせなきゃいけないという気持ちが強くて、それを実現しようとする人なんです。ところが僕は、それはいくらなんでも違うんじゃないかなと思って、宮さんと真面目に話して、トトロ登場は真ん中になるんです。その時、宮さんが自分自身を納得させたのは、「もう一本あるからいいか」という気持ちでした。実際、そう言いました。要するに高畑さんがもう一本やってくれているから、過剰なサービスを減らしてもいいのかなということとですね。それで『トトロ』は静かに始まることになりました。『トトロ』が一本立てだったら、全然違ったものになっていたでしょう。宮さんは『ナウシカ』にしろ『ラピュタ』にしろ、そしてその後に続く作品も、いつも苦しみながら作ってきましたが、『トトロ』に限っては終始鼻歌を歌いながら作った映画です。そうして作ったものだからこそ、後にさまざまな映画賞をとり、テレビで放映したらすごい視聴率をとり、映画公開の二年後ぐらいに世の中に出したトトロのぬいぐるみが大人気になったのかもしれない。出版物、グッズやテレビ放映、ビデオなど、『トトロ』がもたらす莫大な利益によって、ずいぶんとジブリは助かっているんです。そこで、スタジオジブリ作品のマークをトトロにすることにもなりました。

将来、トトロ神社を作りたいと思ってるほどなんです(笑)。

(構成・島﨑今日子)

すずき・としお●一九四八年名古屋市生まれ。スタジオジブリ代表取締役プロデューサー。慶應義塾大学卒業後、徳間書店入社。『アニメージュ』編集部を経て、八四年『風の谷のナウシカ』を機に映画制作へ。八九年よりスタジオジブリ専従。著書に『仕事道楽』『ジブリの哲学』『鈴木敏夫のジブリ汗まみれ』など。

viewpoint

大きな忘れ物

半藤一利

老骨になったせいか、記憶力がトンと鈍ってきて、昭和六十三年(一九八八)初公開のときに、この宮崎駿監督の楽しい快作『となりのトトロ』をどこかの劇場の大きなスクリーンで観た覚えはたしかにあります。なのですが、それがいつ、どこの、何という映画館であったかなど、ぜんぜん想いだせません。たしか野坂昭如さん原作の『火垂るの墓』と二本立てで、チケットを買った目的はその『火垂るの墓』のほうにあって、ついでに評判の『となりのトトロ』のほうも観てやるか、という軽い気持であったことだけは、ぼんやりと覚えています。なにしろわたくしは昭和五年生まれ、そのときすでに六十歳に近くなっていて、アニメーション映画にとくに意欲を燃やす年齢はとうにすぎていましたから。

終って映画館をでるとき、わたくしはほんとうにすがすがしい心持になって、このまま家に帰るのはもったいなく、当然のことのように行きつけの店で一杯やり、つき合ってくれた友と大いにオダをあげた記憶はハッキリ残っています。心打たれてかなり興奮していたのです。それも『火垂るの墓』ではなく、案に相違して『となりのトトロ』のほうに、です。

その後も……、それは時ならぬ雨にあい雨宿りすることがあったりするときです。小さなサツキちゃんとメイちゃんがでっかいトトロとならんで、稲荷前のバス停でまっすぐに前を向いて、バスの到着を待っているあの心暖まる場面が、ふーと想い描かれてくるのです。別に、だからどうのということではないのですが、借りた傘に雨の雫があたるとトトロが喜んで跳ねる。ドカーンと跳ねる。雫がいっぺんにバラバラと落ちる。とにかく、こっちもそのとき、「この世には素晴らしいことがあるんだ」と弾んだ気持になれるのです。あえていえば、その昔の若いころ、宮澤賢治の童話を読んだときに味《あじわ》った弾んだ気持とよく似ています。一瞬、八十歳の爺いも東京は下町生まれの悪ガキに戻ってしまっているのでしょう。

こんどこれを書いてほしいと頼まれたとき、その雨のバス停の風景を忘れていなかったので、あっさり「いいよ」と承知したのですが、送られてきたＤＶＤで二十五年ぶりにテレビの小さな画面でみて、ハタと困りました。「弱ったぞ」と声にもでました。

ここには終戦後、新潟県長岡の中学生であったころのわたくしの身のまわりにあったすべてのものがある。鬱蒼《うつそう》と大木の生い茂る神社、でこぼこの田舎道、お玉杓子がいっぱいの池、一列にならんでする手植えの田植え、ドングリころころ、映画にでてくるものは何でもあった。あそこに登場するカンタは少年時代のわたくしであるのかもしれない、と思ったりするのです。さすがにわが村にはトトロはいなかったけれども。

でも、そんな懐古めいたことは、いまさら書くのも退屈だし、読むほうはもっと退屈でしょう。第一に、単なるノスタルジーを語るだけでは、この名作『となりのトトロ』がいちばん喜こばない。失礼きわまりない。

それで、参ったぞ、これは……となったわけなのです。

しかし、この本の編集者から、「宮崎監督は昭和三十年代の初め（一九五五〜五七年）ごろのこの国を主題にして、この映画をつくったといわれていますよ」というヒントを与えられて、それならばという気になったのです。そのころの日本ならば、たしかにわたくしは生きている、といっても、東京でもう雑誌編集者になっていましたが。それにその時代のことなら、いまもっとも関心をもっている昭和の戦後史そのまま、要するにそれを書けばいい、ということではないか、と思い直したのです。

つまり、宮崎監督が昭和三十年代の初めに視点をあわせたということは、ちょうどそのころがわたくしたち日本人の生活が、いや、戦後日本そのものが、大きく転換するときであった、ということに、さすがに老耄《おいぼれ》のわたくしも気がついたというわけです。それでこれを書く気になった。

で、さっそくつまらない話からはじめます。バス停でトトロと姉妹がならんで待っているとき、あたりが暗くなりはじめる、とたんに外灯がパッとつきます。まずは、あの外灯の電球の話なんです。当時はまだ日本中が貧しかったから、あの電球を盗むものがやたらにおりました。ところが、盗んできても家庭用には使えなかったというのですね。知らない人が多いと思います。電球はいまも右にまわしてはめる。ところが、外灯の電球は左にまわしてはめるようになっていて、残念ながら家庭のソケットでは使えなかった。そんなことをあの場面を観ながら思いだすわけです。

いまのわたくしたちの生活になくてはならないものにテレビがあります。その放送開始はＮＨＫが最初で昭和二十八年二月。でも高価すぎて一般の人にはとても買えませんでした。その年の三月末までに企業を含めて計千四百八十五台しか売れなかった。それが、皇太子（今上天皇）ご成婚の話がちらつきはじめてから徐々にふえだして、百万台を突破したのが昭和三十三年の五月。それでこの映画にはテレビがでてこないのです。もしテレビ時代であったら、好奇心いっぱいのメイちゃんでも、ススワタリやトトロにそれほど関心をもたなかったかもしれません。

そのように、昭和三十年代の初めに日本人の生活は急激に変化していったのです。江戸時代から明治・大正・昭和へとうけつがれてきた生活道具や習慣が、この時期にあれよあれよという間に消え失せていきます。昔の日本とはどんどん別れを告げていった。蚊帳《かや》がそのいちばんいい例です。梅雨明けとともに寝所に蚊帳を吊る。都会でも田舎でも同じです。『となりのトトロ』でも夏がくると同時に蚊帳がでてきました。初めて吊る日の大喜びの場面でした。緑色が一般的で、子供用は白色で、海の上を飛ぶカモメが青く染められていたように覚えています。

わたくしの子供のころには蚊帳というものはちょっと怖いものでありました。なかで寝ている人が死体かもしれない、蚊帳をゆするなまぐさい風、ヒュードロドロ、なんて思うと、なかなかひとりで中に入れない。そんなことをいうといまの科学万能の世の中、バカにされて笑われるのがオチでありましょう。が、蚊帳がなくなったころから日常生活のなかの怖いものがなくなった、まことに結構のようで、じつはそれがいちばん怖いことなんではないか。人間が怖れを失う、何も怖がらなくなる、それは非人間になることと同じなんです。と、そんなことを思ったりします。

もうひとつ、映画ではお姉ちゃんのサツキちゃんも、カンタ君も、よく家の仕事の手伝いをしています。あれも失われた日本のよき生活習慣であったと思います。できないのにメイちゃんも一所懸命に手伝おうとしている。家の手伝いをするのは当り前のことで、「よく学びよく遊び」の遊びのなかには子守りとか水汲みとか買い物とかがふくまれている。いろいろ大人の仕事の手伝いをする、親の仕事を見習うことで、生きるためのもろもろを学んでいく。日本が誇る職人藝というものはそうした伝承・育成の上に成立していた。いまの日本、腕のいい職人さんがめっきりいなくなりました。

手伝いといえば、サツキちゃんとメイちゃんが洗濯のときに、イッチニイッチニと掛け声をかけて、洗濯ものの上で足踏みをしている場面が、あらためてこの映画をみて、とても印象に残りました。わたくしも幼いころにはさかんにやりました。イッチニッサンと運動会の気分で、むしろ楽しくさえあったのですが。つまり、まだ昭和三十年代の初めには電気洗濯機がなかったことを、キチンと映画は示唆しているわけです。

そういえば、昭和三十年代の後半に、三種の神器という言葉がはやりました。白黒テレビ、電気洗濯機、電気冷蔵庫の三つの耐久消費財であることは書くまでもありません。これらがどこの家庭でもなくてはならぬものとなったのは、昭和三十年代の後半から四十年代前半にかけて、つまり第一次高度経済成長期においてでした。のちにさらに電気掃除機が加わりますが、テレビにはじまって日本人の「豊かな生活」への願望は、このころからもう堰《せき》をきったようにふくらんでいきます。

このほかにも縁側のある家、床の間、自転車のベルなど話したいことは沢山ありますが、略すことにします。とにかく、昭和三十年代の半ばごろから、日本という国はがらりと違う国になった。焦土からの再生、再建がはじめは目標であったが、それが復興からいまや繁栄と、日本人の国家目的はとてつもなくふくらみました。欲望も大きくふくらみました。では、結果としてそこから何が失われていったか、それが問題だと思われてきます。

昭和三十一年を象徴する言葉——それは「もはや『戦後』ではない」というものでした。この年の七月に発表された経済白書（「年次経済報告」）の総論の結びにこの一行が記されています。この年の経済成長はGNP一〇パーセントの伸びを達成した。それだけに、戦後の飢餓と貧困と混乱のなかで営々として働きつづけてきた日本人にとって、夢と自信と元気とをもたせるキャッチフレーズとなって、この言葉はまことに快《こころよ》く響いたことでした。

ところで、じつはそれよりちょっと前の一月十日に発売された『文藝春秋』二月号で、この言葉はすでに世に示されていました。元東大教授で英文学者の中野好夫氏の論文のタイトルがそのものずばり、「もはや戦後ではない」であったのです。当時、わたくしは同編集部にいて中野さんの担当でしたので、この論文に直接かかわったことになります。この題名が筆者のつけたものか編集部によるものかが、さっぱり記憶からずり落ちています。

この中野論文は、白書のいう経済におけるそれではなく、むしろ思想や精神や心のあり方において「戦後」意識からの脱却を説いたものでした。中野さんは、そろそろ「戦後」への倚りかかりをやめて、日本人はきちんと自分の足で立とう、と説いたのです。

それはそれなりに当時としては正しかったと思います。それで日本人は不平不満をいわずに、とにかくせっせと働きだしました。一日も早く自立しようとしたのです。しかし、どうしたことかと思われるほど、それからの日本は変っていきました。いつまでも敗戦の傷をひきずらなくなったのはいいのですが、敗戦そして戦後思想が稀薄になるにつれて、かわりに経済成長のみが大事、という考え方が支配的になっていく。つまり経済的繁栄思想のみが日本人の頭を独占していく。

日本人が急速に孤立化というか、自分ひとりさえよければよいと考えるようになったのは、まさしく高度経済成長政策への邁進が国民的合意となった昭和三十六年の初めからでした。そして自然をガンガン壊しだしました。『となりのトトロ』のなかでおとうさんがいいます。

「昔々は木と人とは仲良しだった」と。

そして迷い子となったメイちゃんを探すために、村中の人びとが総出でかけ回ります。いまの日本人には考えられないことです。昔はほんとうに「隣は何をする人ぞ」ではなかった。助け合ったり、助けたり、であったのです。自然を大切にし、草や木と仲良しでした。

なぜこんなになったのか。金銭の魔力に魅せられていらい、と結論づけてしまってはそれまででしょうが、かならずしもそれだけではない。あっという間に、日本人から人《ひと》懐《なつ》こさがなくなっていった。それが大きかったと思います。他人との接触がわずらわしくなる。それぞれがいまや競争相手となり、勝つためには押しのけざるをえなくなる。これでは人間関係がギスギスせざるをえない。ましてや口をきかない動物や植物や、山や川なんか。高度経済成長をなんとかやりとげるために、日本人がやった競争化、単一化、簡便化、開発化のツケがやがて大きくなって、この国が変りました。月給二倍論の掛け声に煽られて誰もがマイホームの夢をふくらませた。それがバラバラの核家族のスタートとなったのはご存知のとおりです。

『となりのトトロ』とはいい題名ですね。ここでは森の住人で、ミミズクと狸をまぜたようなフワフワしたユーモラスなトトロが、わたくしたちの隣人。となりの人なんです。恐ろしくない、仲良くできるんです。ただし、残念ながらその姿は、自然にたいして親しみをもち、自然とともに楽しく生きる心をもつものだけにしか見えないようですけれども。

わたくしたちは昭和三十年代の半ばごろから、経済成長の名のもとに、人間関係とともに、ほんとうに自然を完膚なきまでに打ちこわしてきたのです。お金もうけのために自然の美しさに目を向けなくなりました。土地が商品となったわけです。お蔭で、「兎追いしかの山、小鮒釣りしかの川」の歌の風景は失われていきました。もう還ってはこないでしょう。トトロもいまは棲むところを人間に奪われて、どこかの国へ行ってしまったかもしれません。

宮崎監督が昭和三十年代の初めの日本を描きながら、この映画でわたくしたちに見せてくれたのは、単なる幻想《ファンタジー》の世界ではないのです。自然と日本人とがいっしょになって暮らしていたついこの間の美《うる》わしき日本なのです。この映画のなかの山や川や樹木や田んぼのなんと美しいことよ。いまからたった五十年前には人と動物と自然とが仲よく共存しているこの国があったのです。

たぶんわたくしたちは、みんなして総がかりで、昭和のこのころに落とし物というか、何か大きな忘れ物をしてしまったようなのです。それは滅茶苦茶にでっかい忘れ物であったかもしれません。《文化》なのか、《精神》なのか、それとも《美しいものを感ずる心》とか《人間らしさ》とかいったものか、いまはよくわからなくなっている。それを宮崎監督はわたくしたちに見せてくれようとしているのです。それも楽しく、心の和むような優しさで。

ふーと、想いだしました。作家司馬遼太郎さんと、お亡くなりになるちょうど一年前に、長々と対話をしたことがありました。そのとき司馬さんがなにか遺言のように言われた言葉が、いまでもときどき思い起こされてきます。

「〝夕日がきれい〟といったことも言えず、〝この川を見ていると本当に心が澄んできます〟という川もない国を作ってはいけなかったのです。ですから、明日の日本は、無制限な成長を押さえて、人に自慢できるような景観の中にわれわれは住んでいる、と言えるようにしていかなくてはならない。そのためには、もうこれ以上にこの日本の自然を破壊しない、そういう国民的合意をぜひとも形成しなければいけないのです。やればできます。まだ間に合います。そうしなければ、子供や孫に現代人はお詫びのしようもないじゃありませんか」

宮崎監督が『となりのトトロ』で言おうとしているのも、司馬さんと同じ心だと思います。大きな忘れ物を思いだそう、日本に四季と自然の美しさをとり戻そうということ、それなんです。

はんどう・かずとし●一九三〇年、東京生まれ。作家。九三年『漱石先生ぞな、もし』で第十二回新田次郎文学賞、九八年『ノモンハンの夏』で第七回山本七平賞、二〇〇六年『昭和史』(全二巻)で

第六〇回毎日出版文化賞特別賞受賞。他の著書に『日本のいちばん長い日』『あの戦争と日本人』『ぶらり日本史散策』など多数。

Part 2

監督が語るトトロの世界

特別収録1

トトロは懐かしさから作った作品じゃないんです

［宮崎駿監督ロングインタビュー］

本当のところ、トトロはどんなお化けなの？　照葉樹林文化論に受けた衝撃から、神様を闇の中に宿してきた日本的アニミズム、『パンダコパンダ』からの繋がりまで、作品の個人史的、思想的背景のすべてを語った特別インタビューを再録。

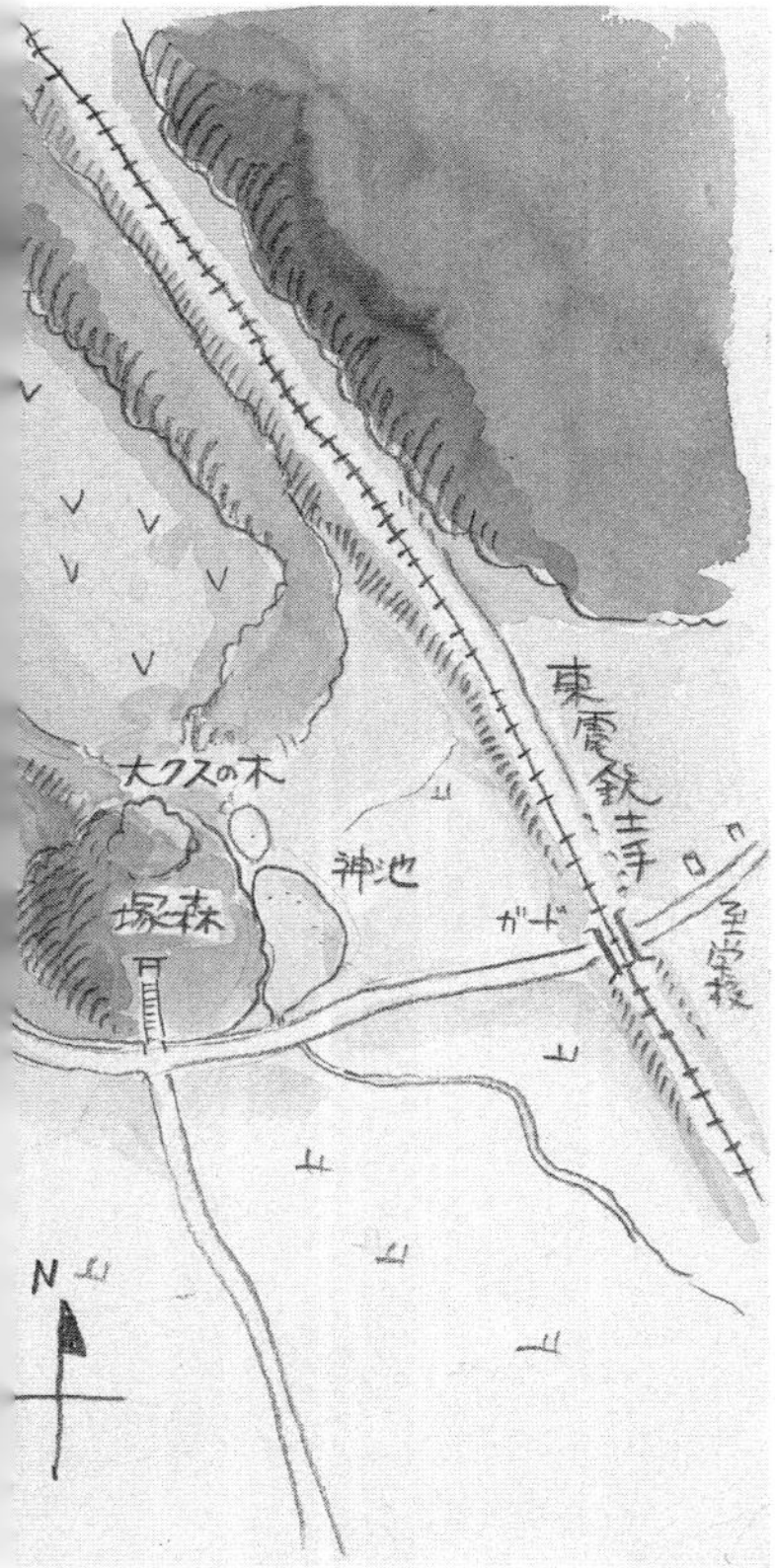

（72ページ以降の本文中の図版は監督の演出意図を反映させて各原画マンが描いたレイアウトです。）

物語の舞台となる昭和 30 年代初期の松郷の地図。
みんなが思っている〝ちょっと前のこと〟をイメージして、宮崎監督が描いている。

カット744のレイアウト。遅い午後、強い西日に照らされる草壁家。
昔はよく見かけた、日本家屋と洋間を繋げた作りになっている。

舞台設定と家の話

——宮崎さんは、「となりのトトロ」の舞台設定をどの辺りと考えていたんですか？

「あの物語の舞台は、実はいろいろな所から取っているんです。聖蹟桜ヶ丘の日本アニメーションの近くとか、自分が子どもの頃見て育った神田川の流域とか、今住んでいる所沢の風景とか、みんなまざっちゃったんです。それに美術の男鹿和雄さんが秋田の出身だから、なんとなく秋田らしくもなってるんですよ（笑）。だから具体的に場所を決めたというわけではないですね」

——時代はいつ頃なんでしょうか。はじめは、

昭和三十二、三十三年頃と聞いてましたが、見ていてかなり宮崎さんの少年時代のイメージも入っているんじゃないかと思ったんですが。

「昭和三十年代初期というのは、実は嘘で、本当をいうと、テレビがまだない時代の話なんです。はじめは、ラジオで『新諸国物語』でも流そうかと思ったんだけど、それもなんかあざといでしょう。意図的にそういうものは外したんです。それは同時上映の『火垂るの墓』がやるだろうからいいだろうと思って」

――カンタのノートにらくがきしてある杉浦茂のマンガぐらいですか（笑）。

「あれは原画の篠原征子さんが自分の好みで入れちゃったんです。あの絵がわかる人はまあだいたい、年ですね（笑）」

――そういえば、不思議に小学校のノートというのは、回りにらくがきしてくれ、といわんばかりに、白い余白があいてましたね。

「僕なんかのノートは、ほとんどらくがきばかりになっちゃいましたね。結局、実際に授業で使うのはほんのわずかになってしまう（笑）。試験の答案用紙の裏にもいっぱいらくがきをしたし……そんな思い出があるでしょう。やっぱり、ああいう外国へロケハンに行くんじゃなくて、自分が日本で見た風景で、見覚えがあったり、子どもの時に見た風景とか、いろいろな断片で映画を作れたっていうのは、とっても幸せですね。たとえばの話、塚森の大クスノキでも、あんな大きなクスノキはないですけど、実は見た気持ちの中ではあんだけ大きいんですよ。〝でっかいなあ、なんて立派な木なんだろう〟っていうふうに小さい時見上げて思った木って誰でもあるでしょう。それを描くと、あれだけでかくなってしまう――だから、本人としては、嘘をついてる気は全然ないんですよ。気持ちの中では本当に大きいんです」

――はじめの引っ越しのシーンで、家の中をサツキやメイが走り回るところがありますね。「そうそう、家具のない家って広いんだよね」と、子どもの頃を思いだしました。〈海の家〉とか行って、知らない部屋を兄弟で競争みたいに開けたりして、うれしかったもんです。妙に広かったのも、実は家具がなかったせいなんですね。

「ああいう経験ってのは、みんな一度や二度はやったことがあるでしょ。あのシーンは、僕も好きですね。なんでもないシーンですけど。家の中を走り回って、こう開けてね、『ない！』ってバーッと閉めたり、開けて『お便所！』といってみたりね。走り回っているうちに、だんだん自分たちで興奮してきて笑いだしてしまう――ああいうのは、本当に子どもの世界のことですから。でも、実際に目の前でやられると、あれはうるさいですよ（笑）。今回は、本当に演出の手管を使わなくてすんだ作品です。こんなに手管を使わなくていいのかな、と思いながら作りましたからね。無理な演出はまったくしないですんだ作品でしたね」

――あの引っ越してきた家ですが、あれは入院しているお母さんが退院してきた時、空

気のいい場所に住むために引っ越したと考えていいんでしょうか？

「ええ、そうです。そのため以外は考えられないですよ。ああいう日本家屋と洋間をつなげた家は、昔はよくあったんですよ、実は、あの家はまだ半完成、全部出来上がってはいない家なんです。庭にしても、ちゃんとした庭を作ろうと思ってたんだけど、ちゃんと作らないうちに、家が用なしになってしまった……ようするに、病人が死んでしまった家なんです」

――そうなんですか。

「僕は、基本的にあの家は、病人を療養させるために建てた離れのある別荘だと思ってるんです。結核患者の人のために建てた離れなんですね。で、その人が死んでしまったので、そのまま用なしになって空いてた家なんです。これは裏設定ですけどね。

だから、あの婆ちゃんはたぶん、あの家に女中奉公してたんじゃないか。だから、田舎の人にしては物言いがハッキリしてるんだとか、これは裏設定なんで、言う必要ないので誰にも言わなかったけれど、そう考えていた家なんです。離れが妙に日あたりがよさそうなのもこの設定のためですね」

カット25のレイアウト。橋の上から小川を覗くサツキ。風景は全て、宮崎監督が自分で見たことがあるものばかりで描かれている。

見覚えのある世界で

——作品を見ていて、色彩の美術の中間色が非常によかったですね。

「男鹿さんの美術に負うところが多大ですね。徹底的にあの世界の味を出しているのは、男鹿さんの美術だと思ってます。男鹿さんもあそこまで自分がやれるとは思ってなかったんじゃないですか。僕自身にとってもトトロやネコバス、ススワタリは別にして、あとは全部自分で見たことがある物ばかりでやったことが大きいです。なにか本を読んで、その中にある物とか、そういうのじゃなくて、全部覚えがある風景なんですよ。家から土地から水面から木も草もね。そういう意味では、とても作っていて幸せだったですね（笑）。だって例えば外国が舞台だとわからないじゃないですか、ドアを開けてまず何があるとか、道端に咲いてる花の種類は何と何だろうとか。

現物も側にないしね。ようするに、絵空事をもっともらしく見せるんじゃなくて、本物の方がずっといいわけ、男鹿さんにとってもこっちにとっても。で、何とかそれに近づけたかった。雑草の草むらを見てこれいいなと思った時の〝いろんな草が生えてるんだなあ〟とかいうそういうことをなんとか映像にしたいと思ったんです。まあ、そういう意味では難しさもあったけど、やってて美術の方向でも非常に幸せだった。本当は初夏で、特に夏至の頃だったら、陽の高さはこんな所まで来ないねとか、太陽はもっと上にいて、縁側のここまで陽がさしこまないからどうしようとか、そんなことばかり男鹿さんと話してましたからね」

――セルを見せてもらったんですが、草むらは背景だけじゃなくて、手前にブック処理［注1］**したり、セルに草を数本ハーモニー**［注2］**で足したり、いろいろな使い方をしてるんですね。**

「あれは、組線［注3］で切ると木の輪郭がつまらなくなっちゃうからです。それは前からやってますよ。草むらとか、そういう時、全部ハーモニーで描くのは嫌なので、ちょっとばれない範囲で上に載せたセルにちょちょっとハーモニーの葉を足すんです。

めだったのはやっぱり草が多かったからじゃないかな。今回は、むしろ手法としては、古典的なことやろうと思ってたんですよ。透過光［注4］の使用を削減しようとか、意図的にやりましたからね」

――カメラの位置も、いつも目線の高さのあたりにあったようですね。

「結局、一番自然な感じを出すためには、そういうことですよね。あおりを使ったり、地面スレスレにカメラを据えたりするのは基本的に合わないんですね」

――バス停の所で一カットだけ。

「ええ、俯瞰《ふかん》がありましたね」

――あそこで「おっ」と、トトロが出る前兆なのかしらと（笑）。

「いや、本当のこというと、同じアングルで延々ともたないからですよ（笑）。でも、雨なんか本当にうまくいったなあ。いや、もうあそこまで行くと、今度は地面に落ちてるしぶきがパシャパシャはねてるやつをちゃんと描きたいとかね、だんだん欲が出てくるんだけど、でも自分たちが当初考えたより、ずっとなんか自然にできたと思った。ある人が『日本の自然てきれいですね』といったんで、『やったあ！』――でも、いつも見てる風景でしょ。今でも実はいっぱいある風景なんですよ」

――今日なんかも、昨日雪が降ったせいで朝、東京の空がきれいでしたね。

「そうですねえ」

——こういう時は、東京も意外に捨てたもんじゃないなあと思いますね。

「新緑が上に出ててね。そういうのを見てるだけでも、きれいだって思えるのは、いいですよね。ゆとりがない時はそう思わないですからね。男鹿さんもやはりこの映画をやりながら、ずいぶん物を見たと思いますよ。おもしろかったのは、土を適当に持ってきて植木鉢に入れて置いとくんですよ。すると、いろんなものが生えてくるわけ。実に不思議な草むらになっちゃうんです、ちゃんとした雑草の草むらに。種類数えるだけでもずいぶんあるんですよ。はじめは果物の鉢だったんだけど、果物の方はどうでもよくなって、入れた土から生えてきた雑草の方がおもしろくなっちゃったんです。もうひとつ信州から土を一つかみ持ってきて、それからも変な物が生えてきて、『なんだろ、なんだろう』て。変な物といっても、何でもない草なんですけどね」

——ロケハンというのはやったんですか？

「ロケハンは、実は日本アニメーションの裏の方に、一日ぐらい行っただけです。男鹿さんと作画監督の佐藤好春さんと三人で。あと男鹿さんが自分の足でそこを何回か見に行ってます。日野市に住んでるんで近くなんです。

男鹿さんはずいぶん見て、だから美術の人は大変だったですね。雑草描くというのは本当にたいへんですよ」

——生え方もランダムですしね。

「貧乏草でしょう。一本一本描くとたしかにきれいなんだけど、普段見てる時は〝あっ、あんな所に貧乏草生えてる〟とか注意して見てないですよ。そういうやつだけど、僕らにとっては妙に懐かしいんですよね。今でも、スズメノテッポウなんか見てるとプーッと吹いて鳴らしたりした終戦直後はあれを取って供出したりしたんですよ。黒パンに入れるんだみたいな話をしてね。ハコベなんかも食ったりしましたよ。雑草って自由にたくましく生きてるって感じがするでしょう。そこが好きなのかもしれないですね」

――神社の木のウロが空洞になっていて、中に入って遊んだ記憶もありますよ。

「クスノキは肌がゴツゴツしてて、登りやすくてね。もちろん、東大に生えてるようなサーッと伸びてるクスノキは登りにくいですけど、『トトロ』に出てきたようになっているクスノキはけっこう多いんですよ。日本アニメーションの近くにも、一本だけポコッと生えてる古そうな木があったんです。クスノキは何千年も生きる木じゃなくて、何百年かで相当立派な木になるんですね。残念なことにクスノキというのは、ドングリがなるわけじゃないです。黒い小さな実がなるだけで、だからサツキやメイの庭からはクスノキは生えないです。あの伸びるところで思ったのは、少しでも表現を過剰にしようとすると、日本じゃなくなるということです」

――ジャングルみたいになっちゃうということですか？

「いや、そうじゃなくて、ヨーロッパになっちゃうんです。例えば、ネコバスっていうのは、突風みたいな感じで来るでしょう。じゃ突風がネコバスなのかって決めると、そうすると日本からズレちゃうんです。日本には風の精ってないんですよ。袋かついでブウッと風を送るやつはいるんだけどね。だから、そこでネコバスは風の精だとしちゃったら、とたんに日本の物じゃなくなるんですね。

近代化してるでしょ、日本が。でもどこか近代化しきれない、そこら辺の実に過渡期な段階でのお化けなんですよ、トトロたちは。

それはやっててものすごく感じました。だから、水木しげるの妖怪とかまで戻る気は全然ないし、ああいうお化けには親しみも感じないんです。むしろ、化け猫がバスに化けてたっていう方が昭和生まれの自分にとってはピンと来るんです。だから、『おしん』とか明治時代の話を作るとなると、まったく外国物を作るのと同じになっちゃうんですね、自分にとっては。古い馬込の宿とかいわれても懐かしくはないんです。戦争前に建って焼け残ったり、昭和初めぐらいの建物の方が自分にとってはジーンと来る風景なんです。日本をやろうとして、たとえば恐山のイタコが出てきたりドロドロした大津絵の情念の世界ってあるでしょ、そういうのは関係ない。そういう意味では残念なことに近代化しちゃった人間なんです。宮沢賢治という人は、岩手の土の上に生きてたから、心のどこかでヨーロッパに憧れていて、憧れているけど地面から離れないギリギリの所でやってるわけ。『銀河鉄道の夜』なんて読むと悲しくなるんですよ。あそこに出てくる主人公は、家に帰ると靴ぬいで上がってる感じがするんですね。そういうものは、僕らも当然持ってるだろうと思う。でも、一番自分たちに正直に作っていくと、どうなるのかなあとやった作品なんです、『トトロ』は。ただ、これははっきりいいたいのは、あの時代が懐かしいから作ったんじゃありません。やはり子どもたちがあの作品を見たのをきっかけにして、ふと草むらをかけたり、ドングリを拾ったりしてくれないかなとか。もう本当にわずかになっちゃったけど神社の裏側にもぐって遊んでくれないかなとか、自分の家の縁の下を覗いてドキドキしてくれないかなとか、そういうことなんですよね」

［注］

1 画面全体の背景となる背景画のほかに部分的に描かれる背景画を組み合わせる撮影技法。たとえば、人物の背面に背景画を敷き、人物の手前に木の輪郭に切られた背景画（これをBOOKという）を重ねて撮影することで、木の向こう側を人物が通過する様子を表現する。

2 セルに背景画のようなタッチで彩色する技法。重厚感を持たせるために行う。『風の谷のナウシカ』の王蟲が代表的な例。

3 セルとセル、セルと背景画を組み合わせる部分の境界線のこと。

4 自動車のライトやレーザー光線など、光っているものを表現するときに用いる撮影技法。撮影台の下から直接光をあて、光をフィルムに合成する。

カット370のレイアウト。田んぼに茂る様々な草花。
野に咲く花やカタツムリなどの動植物が季節を感じさせる。

植物にひかれるのは……

——「風の谷のナウシカ」以来、宮崎さんの作品には、大自然と文明、植物と人間のテーマが一貫していますが、宮崎さんが植物にひかれたのはいつ頃からなんですか？

「子どもの頃や、青年の頃は、やはり女の子に一番関心が行く時期で植物好きにはまずならないですよ。僕だって特に植物好きの子どもじゃなかった。三十歳すぎてからですね。

でも、ある時、今でもおぼえてますけど初めて木をきれいだと思ってね、なんて立派な木だろうと思って憧れた時があったんです。中学三年生ぐらいの時です。

それまで木がいっぱいある所を歩いても、特に心ひかれたわけじゃなかったんですけどね。野に咲いている花を見てきれいと思うよりもヒヤシンスの方が美しいだなんて思ってましたからね、そんなもんですよ。それが、二十代の時は特に新緑なんか好きじゃなかったのに、三十過ぎてから、ケヤキの新緑っていうのを、この世でこんな美しいものがあるのかと、そう思った時期というのがあるんですよ。その頃からですね、植物に関心を持ち始めたのは——やはり木というのはきれいですね。ただ、外国へ行って、いい木だな、きれいな木だなと思っても何かひとつ違うんですよ。

アメリカのたとえばサンフランシスコ郊外のセコイアの大きな森へ行っても、森の下が乾いてるんです。で、下生えも種類が少ないんですよ。本当に毛布一枚持ってればすぐ野宿できそうな感じなんです。日本だったら、そこへ寝たら、ゲジゲジが出てきたり、ダンゴ虫がいたり、絶対いろいろ出てきますよ。ハエが来て蚊が出てきて、アブが出たり、そういう虫がいないんですよ。なんか、嘘くさくてしようがなかった」

——それは植林した木なんですか？

「いえ、違います。自然の木です。気候のせいですね。湿気とか、温度とか。で、南の方へ行くと、今度はすごすぎて収拾つかなくなっちゃうでしょう。そうすると、やはり自分がよく知っている植物なんかが生えてるのを見るのが、一番納得するんです。

実はスウェーデンへ一番最初の海外旅行で行った時に、木はきれいだなと思ったけど、なんて単調なんだろうと思って帰ってきたのね。で、石神井公園をたまたまブラブラとひとりで歩いていたら、その時全然、人がいなかったんです、普通の日の午前中だから。なぜそんな時間に公園に行ったかというと、午前中東映動画のスタジオへ行っても誰もいないものだから、子どもを保育園に預けてから、石神井公園でブラブラしてから出かけていくというそういう時間つぶしを毎日のようにやってたんです。そしたら、ものすごくきれいだと思った。実は日本は人がいなけりゃ、きれいなんだってわかったんです（笑）。日本が汚くなったのは人口が増えただけなんだって……。その時、ものすごく納得ができたんです。昔話のグリムなんかを読んで、森の中の木のウロで寝ましたとあって、なんかピンとこなかったんです。日本だったら、虫だらけになりますから。いろんな虫が出てくるでしょう。そんな虫がいっぱいいる、どんな狭い場所にもたくさんの木や草が生えている——それが僕にとっての自然だったんですね。それでピンとこなかったんですよ。

それがわかった時に、〝ああ、おれはやっぱり日本人なんだ〟と思ったんです。日本の歴史でいろいろなことが嫌だったけど、自分の何かがわかった気がしたんですね—

——日本の木や自然にまずひかれたのが、はじまりだったというわけですね。

「中尾佐助という人がいった〝照葉樹林文化〟って言葉を知ってますか？」

——いいえ。知らないですが。

「僕が三十歳ぐらいの時、中尾さんという人が初めていった言葉なんです。その文章を読んで大変ショックを受けたんですよ。

ふっくらしてる米が好きな民族っていうのは、世界でも少ないんです。日本と雲南、ネパールぐらいなんです。それに納豆が好きだったりね。そういう民族っていうのは、実はこの日本国が出来る前から、日本民族というのが成立する前から、もっと古くからそういう文化圏の人間だったんです、日本人というのは。だから、いまだにおこわみたいな食べ物も雲南の方にあるし、ブータンに行くと、日本人にそっくりじゃない。そしたらさ、日本列島の中に閉じこめられててね、もう決まりきった源氏とか豊臣秀吉が出てきたりするああいう下らない歴史しかないと思っていた国が、実はもっと壮大な、国とかを越えて、民族も越えて、世界とつながっているということがわかった時に、実にせいせいしたんです。〝照葉樹林文化〟というのは、そのことについて書いた文章だったんです。

その後、日本人はいろいろ間違いも犯したかもしれないけど、それが全てじゃなくて、縄文時代の奔放な土器とか、ああいう物を作った人たちも含めて、なにか突然、気が晴れたんです。それで、日本の歴史とか、現在の自分たちのあり方とか、戦争中の愚かなこととかいろいろなことを含めて、ひとつの歴史として前よりも、もっと自由に見られるようになったんです」

——閉塞してない、ということですか？

「ええ、閉塞感がものすごく強かったんですよ。そういう視点から日本人をもう一回見るとか、自分を見つめ直すとか、自分のこういう持ち物は何だろう、そのねばねばが好きとかね。この自分の鼻のかっこうは、どう見ても縄文の人間じゃないか、とか、それでずいぶん青春時代、悩んだわけですから（笑）。

そういう肉体のことも含めて考えていくと、実は学校で教えてくれた歴史とか、戦後の民主主義の、軍国主義に対する反動期のほとんど日本全否定の愚かで、無智な、四等国民だとか自分たちで言ってたその中で育ったので、すごい閉塞感があったんです。ところがそういうものを全部ひとまず置いて、突然自分を照葉樹林文化の中に解放することができたんですよ。その時に、自分がなぜ雑木林よりケヤキの木の方が好きなのか、心が静まるのかがわかったんです。照葉樹林だったからなんですね（笑）。

戦争やったバカな日本人とか、朝鮮せめた豊臣秀吉とか、大っきらいな『源氏物語』とか……そんなものを遥かに越えてね、自分の中に流れているものが照葉樹林につながってたんだとわかった時に、ものすごく気持ちがよくて、解放されたんですね。それからですよ、植物というのがどれほど大切で、風土の問題が自分たちにとって大事なものだとわかったのは。その風土を壊してしまったら、僕にとっては最後の日本人への引っかかりがなくなっちゃうんです。知床の原生林は確かに残しとくべきで、伐るのは頭に来るんですよ。でも行って見ても、親しみは感じないです。違う文化圏なんだと思う。ヨーロッパや、シベリアの感じなんです。それはそれでいいんです。

でも、ブナ林とか、もう日本には本当の照葉樹林てのは残ってないんですけど、クスとか、カシとか、モチの木とか、そういう森や木の方をもっと残してほしいんです。昔はもっとあったんですけどね。サカキをかざるなんてのは、それを尊んでいたからですよ。日本の森や林は、本当は暗いんです。入っていくと、どこかおっかなくてゾクゾクするんですよ。何かいるって感じるんですね」

カット539のレイアウト。雨の中、バス停でトトロと出会うサツキたち。
最初はびっくりするが、だんだんワクワクしてくるサツキ。

もののけの住む世界

――トトロが木の中に住んでるのは、そのせいなんですね。昼でもうす暗い森の中に……。トトロっていうのは夜行性なんですか。昼間は寝てましたけど。

「闇と光が対峙していて、光が正しくて闇が邪悪な物というヨーロッパ系列の思想がありますね。僕は、あれが好きじゃないんです。ル＝グウィンの『ゲド戦記』は一番力があるのは実は闇なんじゃないかといってますけど。『ダーククリスタル』もそうでしょう。簡単に二つに分けちゃってね、片っ方がソ連で片っ方がアメリカみたいな二元論なんですね。

でも、そういうふうに二元論じゃないと思うんですよ。そういうふうに考えるんじゃなくて日本人にとっては、神様って闇の中にいるんですよ。ときどきは光の中にも出てくるかもしれないけど、いつもはどこか森の奥深い所にいたり、山の中に住んでたり、そこへ〝依代《よりしろ》〟を建てると、ふらっとそこにやって来たりする。ですから、沖縄の方に残ってる一番原形に近い神社は、社《やしろ》といっても拝殿はあるにしても御神体は、ただの木だったり石だったりするんです。それも、ピカピカ輝いていたりせず、うっそうと暗い所にシーンとして、蝶々がハタハタと飛んでたりして、どこか不気味なんですよ。前に子どもたちと行ったら、子どもは不気味がって〝こわい、こわい〟っていうんです。なにかがいる気がする。その〝こわい〟という気持ちが、日本人にとってはある種の森とかそういうものに対する尊敬の念で――ようするに、原始宗教、アニミズムなんですね。〝何かがいる〟みたいに自然とは混沌としているんですよ。〝入らずの森〟というのは、あちこちの土地にあるんだけど、そこへ行くと山歩きで散々山仕事をやってる人間でもね、なにかあるって感じがするそうです。突然、恐怖に襲われて、あそこには入らない方がいいってことになるらしいのね。そういうことってあるんです。それは何だかわからないけど、たぶん僕はあると思うんですよ。五感だけで感じられるものだけじゃないでしょう、世界というのは。別にオカルトを信用してるわけじゃないですよ。この世界は人間のためだけにあるんじゃないんだから、そういうものがあってもいいと思うんです。だから、僕は人間のために必要だから森を残そうっていうふうなその能率的な発想で自然を考えるのは、なんかやっぱり違うんじゃないのかなあという気がしてね……。

そういうのは自分の心の奥深い暗がりとどこかでつながっていて、そういうものを片方で消してしまうと、自分の心の中にある暗がりもなくなって、なにか自分の存在そのものが薄っぺらいものになるという感じがどこかにあるもんで、気になるんですね。

僕は初詣には行ったことないけど、それはあの金きらきんの神社の中に神様がいるとはとても思えないからで、やっぱりどっか深山幽谷の中に、日本人の神様っているんじゃないのかなあ（笑）」

――そこでいつもグースカ寝てるわけですか（笑）。

「あるいは突風の中でのんきに舞っていたりとかね。台風のシーンなんかも、本当に入れたかったんですけどね」

――サツキが出会う夜の突風が来るシーンなんてのはありますけど。

「ああいうふうにしかできなかった。夜の風で家がゆれたりとか。もっとみんなが見覚えある風景でそういうことができるはずだったんですよ。たとえば、台風で家がミシミシいってね、そのうちに、夜ふと目が覚めたら、おやじが起きててさ、トンカチ持って縁側の裏側から雨戸を打ちつけてる。それに立ち合ってね、ドキドキして、お父さんは平気っていってるけど、これはひょっとしたら家が飛ぶかもしれないなと思って……それでちょっと表を覗いたら、木がウワッと風で寝てて、葉っぱがどんどん飛んできてね。緑色のドングリをつけてる枝なんかも飛んでくる……。雨戸に穴、あったでしょう。こう武者窓みたいに開くやつをそのために作っといたんですよ。ところが使えなかった。なぜ、使えなかったか。くやしいんだけど、メイでは目が届かないんですよ（笑）」

――そうですね（笑）。そんな低い場所に、窓が開いているわけはない（笑）。

「そういうことをちゃんとできたら、台風の一夜をかけて、ワクワクするような映画を作ることができるんですよ」

――それで、一夜明けると、晴れ渡った青空というのも見せられるわけですからね。

「それで表へ出ていくと、ドングリが落ちてたりするでしょう。そういうことだけでも、ちゃんと作ったらね、なにか自分たちにとって見てゾクゾクするような、高畑《パク》さんが言ってるけど、体験をくっきりと印象づけるということができるんです。台風の時はただ怖いとか思ってたけど、その怖いようなドキドキするような思いってのは、自分の心の中でとても大きな場所を占めてるんです。つまり、あの時はああいうふうにいわれたとか、誰かにいじめられたとかね、そういうこと以上にもっと深い所で、風景とか風土とか気候が持っていた意味がね、わかってくるんですよ。

　実は、日本という国の、風土とか風景というものが、気候とか温度とか、風とか雨とか、台風や地震と、そういうものを持っている意味が、日本人にはものすごく強いんじゃないかと思うんです。
そういうことを忘れて、エアコンを部屋へ入れて、田舎に行くと〝くさい〟といったり、便所の中にキンモクセイの匂いをたちこめさせてるから本物のキンモクセイの匂いをかいだら〝お便所の匂い〟といったり、そんな所で子どもたちを育てることはとんでもない間違いなんですよ。地面から切り離されているからいけないんです。そうじゃない生き方もあるんだっていうのが今回の作品なんですね」

――トトロは、その大自然の精霊なわけですけど、一言も言葉をしゃべりませんね。トトロがしゃべらないというのは、最初から決めていられたんですか。

「ええ。絶対、オバケのQ太郎にしちゃいけないということです。出すぎてもいけないと思ってましたから。それから、サツキが悲しんでいるから、トトロが同情したっていう描写は、一切しないと決めていました。サツキがメイを捜しているところもとてもかわいい。メイなんかすぐそこにいるじゃないか。だから、それじゃサービスして、ネコバスで連れてってやった……ただそれだけですよ、あのシーンは。サービスしたって意識もないかもしれないですね」

――ネコバスの方がもっと人間的ですね。カタカタタッと病院名を出してやる（笑）。

「あのカタカタッとやったのは、小さい子にとっては、『めい』と出した方が絶対安心するから、安心させてあげようっていう、演出ですね。気持ちよく終わらせるための。

あそこで安心しないと、最後にメイが見つかった道のところで安心するのでは、終わるのが早すぎるんですよ。だから、ネコバスが出てきてカタカタッとなったところで、もう見つかるとわかっちゃう。そうすると、なんとなくお母さんも大丈夫だろうっていうふうに思うんですよ（笑）。これは演出ですけどね。だからあそこは、陽気な音楽が入っていいんだと思ったんですよ」

――最初のシノプシスでは、サツキがトトロに出会って、傘を渡してあげて、翌日に目が覚めると玄関に傘が置いてあって、ドングリの包みがお礼にあるという話だったようですが、どうしてああ変えたんですか？

「ええ、傘を返しに行く話でも一回絵コンテは切ってみたんですよ。でも、そうすると、トトロが、物をわかりすぎるんですよ。貸したり借りたりなんて思うわけないんです。それに、あのトトロが雨にぬれることを厭《いと》うはずないんですよ」

――動物ですからねえ。

「うん。しかも、雨は植物を育てるしね。その森の主みたいな形で生きてるんだから、トトロはその植物たちが語ってるうれしい声が聞こえるはずなんですよ。そんな生き物が、雨が嫌いだっていうはずがない。特に梅雨時《つゆどき》の雨ですからね。あの頭にのっけている葉っぱも、ポトンポトンとあの葉に落ちる雨の音を聞いて〝いいなあ〟って思ってるという生き物だと考えると、傘を貸してくれたことに感謝するはずないんです。そこら辺がね、『ああ、そうだな、困ったな』と思ったんです。ただ、雨だれでポトン、ポトンと傘が鳴ったら、それは喜ぶかもしれないなあと思いついた。あの傘をトトロは、なにかすてきな楽器だと思ったんです。楽器をくれたんだから、返すはずはない。じゃ、その場でお返しのドングリをやればいいやと思ったんです。

だから、物語というのは、必ずしも初めから全部できてるわけじゃないんですね」

――あのバス停のシーンは、本当に子どもが映画館で喜んでましたね。

「うれしかったですね。動かないシーンだし、難しいシーンなんですよ。サツキがびっくりするんだけど、ワクワクしてる」

――そんな気持ちを受けとっているんでしょう。

「トトロと最初に出会うのは、どちらだろうと考えたんですけど、やはり物おじしないメイが先の方がいいんじゃないか。いくら気丈なサツキだって、あんなどでかいのがいきなり雨の中隣りに立ったらダメージうけちゃうでしょう。やはりどちらかというと、メイに会わせてから、サツキに会わせようとしたんですね。そういうシーンと音もなくトトロと一緒にいる時に、ネコバスが出てきて、しっちゃかめっちゃかにして去っていくという。だから、ネコバスがわーっと出てくる時に怖い必要にないだろうと思っていたんです。ところが、風の音をゴオゴオ入れたら、ずっと怖くなったんですよ。そしたら、〝あっ、こっちの方が正しい〟。久石さんが作った音楽が入りづらくなったんですよ」

――なにか音楽がついてたんですか？

「ええ、『タタタタ』というネコバスのテーマのような曲があの場面にも入るはずだったんです。でも入れてみると、ただ陽気なバカな猫で、舶来の猫になっちゃったんです。風に乗った時にね、風と一緒に来るというのは、ずっとイメージしてたんだけど、太い木の間でしょう。風、吹かせようがないんです。で、あの美術の深味をセルにすることによって殺したくなかったから、困って風を吹かすのをやめてたんです。ところが、あのゴオゴオという風の音が鳴っているのが、入れてみると結果的におかしくなかったから、不思議なもんですねえ（笑）」

カット613のレイアウト。メイの畑の前で、敬々しく傘やフキの葉っぱを捧げるトトコたち。これは現実なのか、夢なのか？

現実と夢の間で…

——ススワタリが夜に塚森へ渡っていくシーンは、現実と無理なく幻想的シーンが一緒になってて、非常におもしろいですねえ。

「全然違う二種類の話を作ってるみたいなんですね、トトロが出てくるところと、あの自然の描写とがどういうふうに噛み合うかっていうのは、いろいろ考えましたけどね。不安はあったけど、やっぱりあの家があって、周りにああいう森や自然があって、そこにこういう子どもたちがいるということを、最初に克明に見せとかないと、何が出てきても当り前になっちゃうとは思いました。何が出ても当り前というのは、所詮絵空事だからということになっちゃうから。だから、生活の部分はなるべくきちんと最初は描かなきゃいけない――後半になったら、すっとばすことができるから。そういうことで、秒数計算は大いに予定が狂ったんですよ」

――そうなんですか（笑）。

「引っ越しの第一夜で、あんなに秒数がかかっちゃうとは思わなかったから」

――Aパートがふくらんでしまった？

「ふくらますというよりも、必然的にあれだけかかるんですね」

――今回は、お話らしいお話もないですよね、いつもにくらべますと。

「ええ、ないですね」

――迷子になりそうになるぐらいでクライマックスと……そこら辺で今回宮崎さんはかなり思いきったなと思ったんですが。もっとストーリーらしいストーリーを作るやり方もできますよね。それは？

「それは、初めから全然疑問はなかったですよ。ずいぶんストーリーができたな、と思ってたぐらいです。それこそ、台風の一晩の中でも十分子どもがワクワクできるような映画は作れると思うんです」

――それは、子どもの情感を中で拡げておけば、これで大丈夫だということですか？

「いや、そうじゃなくて、台風の一夜は、それ自体がワクワクするような、日常の中の非日常なんですよ。ですから、それがおもしろくできないんだったら、こういう映画はなりたたないんですよ。さっき言ったように手管を使わないですんだっていうのは、そういうことなんです。サツキやメイがトトロに出会いますね、でも基本的にはたとえばサツキが会ったバス停のところも、それからメイが初めて出会ったところでも、本当にあったことなのか、それとも夢なのか。わからないようにはしてあるんです。でも、僕はもちろん本当にあったことだと思って作ってます」

——ドンドコ踊りで木が伸びるところもそうですね。

「あれは、まあ、木の原爆……(笑)」

——見てて、実は種の中に入っている生命力の大きさを表わしているのかな……とか、木自身の見る夢なのかなとかいろいろ思ったんですけど……。

「(笑)」(笑って何も答えてくれない宮崎さん。観客が見たまま感じたまま受けとってほしいということのようだ)

——「夢だけど、夢じゃなかった」というセリフもすてきですね。

「ああいう説明過剰なセリフを、サツキがいうのはともかく、メイがすぐ後を追うのは、ちょっと……『夢じゃなかった』と一回サツキにいわせてから、もう一回サツキにいわせてメイが真似していえばよかったというふうな反省はあるんですけどね(笑)。全部わかる必要はないんです。トトロって何者ですかといっても、やはり僕にもわからないんでね。

久石さんと話してて、音楽のことなんかも随分悩んだけど、つまり神秘性をやたらに強調しちゃうと違うしね。かといって、ムジナが隣に出てきましたっていうふうに、あたら親近感を持って作っちゃうと、これも違う。だから、久石さんのミニマル・ミュージックの無性格な感じが、あれが一番よかったですね。あれよりもっと神秘的になっちゃうと、神秘になっちゃうし、どっかで聞いたような音が入ったりして、そこら辺がわかってるけどちょっと違うっていう、そういう感じがちょうどよかったんじゃないかと思うんです。

不思議だったのは、サツキの横に現われて立ってる時にかかってる音楽はね、一回できた音楽を――七拍子の基調のリズムがあるのを――それがずーっと入ってたのを少し多すぎるから抜いてくれっていったんですよ。

それで、一回ごとに久石さんがミキシングの中で抜いたんですよ。〝一、二、三、四、五、六、七。フッ〟と数を数えて抜いてね。また数を数えて入れたり。そしたら、とてもよくなったんです。それを映画にひょいとあてたらぴったり合ってたんです。不思議なくらいにうまく合っちゃったんです。

サツキが見上げる時にはリズムがなくて、トトロが出てくるとそのリズムがガガンとかかってね。まあ、こんなことも世の中あるんだなって思いました(笑)。あそこの音楽はよかったですねえ。邪魔しないで、性格を決めないで、なおかつ妙な、不思議な感じが出てきて、でもやたらに不思議じゃなくて、妙に親しくて……音つけて、音楽つけて、あのシーンは本当によくなりました。

音楽の制作に関しては、久石さんもずいぶん悩んでましたね。つまり、明るくしなくてはいけないんだと彼は思ってたわけです。でも、明るくしなくてもいいんだってことが、僕自身もはっきりいいきれたのは、映画が終わってからです。途中では、久石さんにはそんなに明るくする必要はない、アッケラカンと音楽を全部につけちゃうとよくないといって、やり直した所もあります。しまった、音楽は僕がもう少し歌舞音曲にくわしければ、こんなことにはならなかったと思う箇所がいくつかあります。音楽というのは、本当にあててみないとわからないというところがあるんですねえ」

――ナウシカが「ガンシップは風を斬り裂くけど、メーヴェは風にのるのだもの」、といいますね。あのイメージに驚いてたのですが、『トトロ』ではついに〝風になって〟しまった（笑）。クルクル回るトトロの翔び方は本当に楽しそうですね。

「ああいうシーンは、活劇の中だったら、もっと押せるんです。あれは、ホラ、風になって飛ぶだけでしょう。だから、あれ以上押せないんですよ。押すと、ふくらみすぎちゃうから、ものすごくセーブしたんです。風になってどっかへ行くんだったら、別ですけど。そういう目的なしでは、〝ああっ、私たち、風になってる!!〟、それでおしまいでいいんです。それ以上、何があるかといわれても、それだけなんですよ」

――あれだけでもサツキやメイにとっては夢のような体験だとは思います。

「残念なのは、風が水面を渡っていく時、さざ波が立ってファーッと見えることがあるでしょう？　ああいうことができたらいいねって話は、しょっちゅう男鹿さんとやってたんですよ。『三倍のスケジュールくれればやる』っていうのね、男鹿さんは。クスノキが本当に風にゆれてるのも、ちゃんと描くことができたらどんなにいいだろうということ、〝三倍あったらできる〟という話になるんです」

――一部クスノキの上部は、ゆれているカットもありましたが。

「僕たちが考えていたのは、あんなオーバーラップじゃないんです。結局あきらめたんです。やり方はわかったんだけど、それにはちゃんと背景が描ける男鹿さんクラスの人間がそこで十枚描くかどうか。アニメーターがこう木を動かして描いて、それを今度は葉っぱを描いて、それがキラキラと色が変わりながらキラキラと動かすためには何枚いるかって問題なんです。全体を三コマで動かしながら、キラキラと一コマで描いて……それをやれば葉っぱはウァーッと枝がゆれながら、カタカタッと光は走ったりすることはできるなということまでは確信が持てたけど、そんなことやるヒマなんてどこにもないですからね。

峰を渡っていく時にね、稲穂が出てるとあの時期は必ずもう花が開いているのに、それ描くと動かせないんですよ。ただの緑のじゅうたんにしちゃいましたけど、そういうの悔しいんですよね。男鹿さんとふたりで、この稲が風が来ると倒れてね、穴があきながらこう動いていくやつをできたらいいねって話になるんですよ。川だったら、川の面に立つさざ波……とやっぱり三倍（笑）という話になっちゃうわけです」

――『パンダコパンダ』では、パンダの親子が突然ミミちゃんの日常の中に現われますね。『となりのトトロ』のその辺との違いは宮崎さんはどう考えてるんですか？

「あんまり違ってないんですよね、自分の意識の中では。宮沢賢治で僕が一番好きなのは『どんぐりと山猫』なんだけど、あの山猫、読んでもなんだかわからない。わかる必要もないんだけど。その挿し絵を見て、ものすごく気に入らなかったんです。こんな小さな山猫が立って出てくる――あれは違うと思った。巨大な二メートルぐらいの山猫が呆然と立っててあらぬ方向を見っててね、その足下で小さなどんぐりがキイキイと走り回ってる……そういうふうなものだと思ってた。そのボーッと立ってる山猫を考えた時、ひどくあの世界が好きになれたんです。実は、昔初めてキツネを見た時、僕はガッカリしたんです。人を化かすなんていうのは、もっと大きな気がするでしょう。中型の犬より小さくて、そんなのが化かすはずがないと思ったわけ。本物のタヌキ見た時も同じ。〝ムジナ〟って聞くとなんか呆然として大きいんじゃないかという気はしませんか？母親にさんざんもう、ムジナが化けたとか、キツネに化かされた話とか、それからキツネが人間に化けて、馬の上に乗って油揚げ食べようとしてつかまったとかそういう話を子どもの時にいっぱい聞かされていたから、もっと大きいものと思っていたんです。それがあれでしょう。

だから『パンダコパンダ』をやった時はパンダは、絶対に、でっかいんだって、巨大なんだと、それがボーッとして立ってると決めてたんです。僕はやはり日本人だと思うんだけど、小利口って言葉があるでしょう。それからものすごく愚かになる大愚……日本人は、どこか偉くなったら、愚かになって、呆然としてて、何かセコセコとやってる人間たちを包んでくれる、そういう底知れぬ巨大な愚かさみたいなものが好きだと思うんです。例えば、西郷隆盛なんかそういうイメージがあるでしょう。その巨大な、愚かささえ漂いかねぬ、ボーッとしてる暗愚というのが、なんか僕は好きなんですね。だから、トトロはあんな感じになったんですよ（笑）」

――ニターッと笑うのが、セリフはないですけど、あれは、見ていてちょっと解放されるところがありますね。

「日本の神様って、外国のようにキリストが笑ったか笑わなかったとかそういうんじゃなくて、笑ってるんですよ、やはり。日本の気候みたいなもので、厳しい時もあるかも知れないけど、やはり基本的にはお日様ニコニコなんです。それが若い時、僕は大嫌いだった。もっと峻烈なものを求めたんですけどね」

――なんか俗っぽいと思いますね、日本は。全然人間と変わらない気もしますよ、感情的には。

「『荒ぶる神』にもなるんですよ。だから鎮めなきゃいけないんだけど、鎮まった時には、ニコニコした穏やかな神様。そういう方が好きですね。どうもおよそ日本人というのは、魂を神様に救ってもらいたいとは思ってないんじゃないですか。まあ死んだらどこへ行くんだとかいろいろ言うけど、どうも極楽も天国もピンとこなくて、実はそこらに生えてる木や山や土の中に成仏しちゃうっていう方がピタリとくるんじゃないですか。だから僕は土葬の方が好きですね。お袋を焼く時に、ほんとに土葬の方がいいなと思いましたからね。それで埋めたところに、花が咲いたら、ああお袋が花になって咲いた咲いた、と思えるのにね。ただの炭酸ガスとカーボンにしてしまうのはもったいない。肥やしになってね、木とか草とか虫とか生きていくものの断片になってくれたら、なんぼかいいだろうと思いましたからね……なんの話してるんだろうねえ（笑）」

――物語の中ではトトロもネコバスもいっさい説明してませんから、神様と思う人がいてもいいし、もののけでも妖怪でもいいわけですからね。ネコバスもものけがバスを見ておもしろそうなので、マネしたっていう設定が実におもしろいですね。

「ネコバスも昔はただの化け猫だったんでしょ。バスを見て、おもしろいと思ったんです。トトロも縄文人から縄文土器を習って、江戸時代に遊んだ男の子をマネしてコマ回しをやっているんでしょう（笑）。トトロは三千年も生きてますから、本人にとってはついこの間、習ったことなんです。ひょっとしたら、カンタのバアちゃんが親にしかられて泣いて歩いていた時、トトロに会っているのかもしれない。トトロはひょっとしたら、小さい時のバアちゃんとメイを同じ女の子だと思っているのかもしれないんですよ（笑）」

——ネコバスは足が十二本もありますが、どうやって走らせているんですか？

「いや、ムカデが歩くように、順々に送っていくんだろうという話をして、近藤（勝也）くんに任せて、ときどき見せてもらって動きを作りました。ちょっと無理はありますけど、一コマで描くのが本当は一番いいんでしょうけどね。動物が歩く時は、実際は肩がちゃんと前に出るんです。ところがネコバスは肩のつけねがくっつきすぎちゃってそれができない。ただし、ああいうフィクションのキャラの走りは逆に嘘がつきやすいんです。子どものメイやサツキが走っている方がよっぽど難しいんですよ」

カット214のレイアウト。洗濯場でとうさんと一緒に踏み洗いをするサツキとメイ。お手伝いの楽しさに二人は声を張り上げる。

子どもの世界を……

――サツキとメイにとって、トトロと出会うというのは、どうなんですかねえ？

「トトロが存在してることだけで、サツキとメイは救われてるんですよ。存在してるだけでです。迷子を見つける時に、手助けしてくれたけれども、でもあの時トトロが一緒に行っちゃダメだと思ったんです」

――「宝島はあったんだ」だけでいいわけですね（笑）。

「そうなんです。『ラピュタはやっぱりあったんだ』ですよ（笑）。そこでどうにかしましょうとか、そこがなんとかなるんじゃなくて、宝島はあるし、トトロはいるんですよ。いることによって、サツキやメイは孤立無援じゃないんですよ。それでいいんじゃないかと思うんですよ……。こういう映画をやっていくと自分の根本にある物は何かというのが前より少しわかりますね。自分が何を好きなのかとかね。自分の子ども時代のこととか、子どもがまだ小さかったころとか、今は大きくなった甥《おい》や姪《めい》たちがやったこととかいろんなことをいっぱい思いだしましたね。それを思いだしたことによってずいぶん子どもたちが出ていって何をやるかということを悩まないでやることができました。

例えば、もう当人は忘れてると思うんですけど、下の息子が幼稚園ぐらいの時、女房と買物に行ったんですよ。その日、風が強い日だったんですが、帰ってきてね、『この子は天才じゃないかしら』って女房がいうんです。〝今日は空気の玉がぶつかってくるね〞って子どもがいうんですって、それは小さい子の実感なんです。もう息子は忘れてるし、女房も忘れてるでしょう、その時子どもはそんなことをいうもんだって、僕は思ったんだけど、サツキのマキが持っていかれるところがあるでしょう、突風で。思いだして、空気の玉をぶつけたんですよ、あそこは。そういうのって何か不思議に残ってますね、頭の中に。そういうものがより集まってできたのが『となりのトトロ』なんです。お袋が入院してててね、そういう時の学校から帰ってきてガランとした家の淋しさみたいのは、自分の体験でしっかりありますからね……」

――サツキは、本当の四年生［注1］**からすると、ずいぶんお姉さんになってますね。**

「お姉さんにならざるをえないんですよ。ああいう境遇の子どもは。四年生というのは、『ドラえもん』を卒業する時期なんですよ、自分が物語の主役になってくる時期ですね。『ぼくは王様』という童話があって、それを幼児が好きなんですよ。実は自分のことが書いてあるんです。バカな王様が出てきて、『この王様は本当にバカだね』って喜んで読んでるんですよね、クスクス笑って。でも実は自分のことを読んでるんです。それを、自分はこうでなくて、こういうものになりたいとか、こうあったらいいなと思い始めるのが四年生だと思うんです。その頃、だいたい誰かを好きになったりするんですよ、十歳ってのは、ひとつの区切りだと思いますね。じゃあサツキがあれで十歳かといわれたら、どうかと思うけど、でも十歳の子はあれぐらいのつもりで生きてますよ。たぶんそうだと思う。十歳は台所できますよ。僕、やったもの。掃除もやったしね、風呂も焚いたし、料理も作りましたよ……」

――スタッフの方に聞いたんですが、制作の途中で宮崎さんが動画のために「歩き」のレクチャーをしたというのは本当ですか？

「歩きじゃなくて、『走り』です」

――どういう話だったんですか？

「走らないんですよ。みんな、記号で覚えてるだけで、走ってくれないんです。二コマ中二枚で六コマで走るっていう走りはね、例えば僕が東映動画へ入った時でも、まだ一般化してなかったんです。それを主張している人間と五コマで走らせてる方がいいと思っている人とかいろいろいたんです。で、大塚康生〔注2〕一派は六コマが正しいって、高畑《パク》さんも含めて最低六コマでなきゃ駄目だと考えていたんです。その時に、僕は大塚さんにレクチャー受けたんだけど、六コマで二コマで走らせるっていうのは、どういう錯覚を利用して、どういう気分を出すためか、この三枚の絵をそれぞれ意味と役割があって、これはバネで、これはつっぱって、これは蹴上げなんだと。その三つの要素を組み合わせることでやっと走ったように見えるんだから、そういうつもりでこの三枚の絵、ポーズというのはできあがっているんだというレクチャーを受けたんですよ。なるほどと強く納得して、でもその通りじゃなくて、それをパターン化しておぼえるんじゃなくて、じゃあそれを小さい子が走る時、悪役が走る時に、どういうふうに変形させていったらその感じが出るか、と自分なりに理論武装していったんです。そうすると、こういうポーズを描いたらこれはかくかくしかじかで駄目だと、そういう一種のセオリーが出来上がったんですよ。で、それは一般化したと思ってた、ところが全然一般化していないのがわかったんです。

何もわからないで描いてるのね、そういうもんだって描いてるわけ。で、僕が新人の時に教えた連中もすっかり忘れてるんです。

上下動つける場合とつけない場合と、つけちゃいけない場合とつけた方がいい場合と、どうやって見分けるとか。それで一回レクチャーをやったんですけど、一回教えたぐらいではちゃんと覚えるはずはないですね」

――それはサツキ用とかメイ用とか、それぞれやったんですか？

「いや、基本的に、こういう走りだということです。だから、考える時に、どこを見てやるか。パタパタやる時に、なんとなく絵をズラしても動くんだけど、ズラして動くんじゃなくて、こうやった方がいいんだっていうこと、なぜこうしなきゃいけないかは、こういう意味があるからだということをやったんです。少なくとも、そういうことによってこの基本的と思われている三つのポーズがあるんだけど、このポーズもちょっと間違えるとたちまち固くなって、カタカタいうだけで、いい走りにならないんです。ずいぶん走りを直したけど、演出が走りの動画や原画を直し、参考のポーズを入れてくわけですから……悲惨なカットはいっぱいありますね」

――たしかに小学校へ行って、小さい一年生、二年生を見てると、まあよく動くもんだな、よく疲れないなと思いますものね。また妙に速いでしょう。

「ええ。あのね、走ろうという意志は、子どもにはないんですよ。早く行こうと思う意識があるだけなんです。早く行こうとすると、自然に走っちゃうんですよ。だから、小さい子におつかいをさせて、『走っちゃ駄目だよ』って言って、『うん』というともう走ってるんですよ（笑）。急いで行こうと思ってるだけで、当人は走ってないつもりなんですよ。今回の映画はストーリーで引っぱっていく映画じゃなくて、カットが表現になってなけりゃ駄目なんです、それ自体が。だから、そういう意味じゃアニメーターの力量が足りないですね。ものすごく足りない！」

――やり慣れてないですからね、アニメーターに要求する物語も少ないですし。

「それだけじゃないですね。そういうことに興味を持ってない人たちが多すぎる、アニメーターの中に。そういうことやりたいと思って入ってきたんじゃなくて、現実を忘れてどっか別の所へ行きたいと思ってる人多いでしょ。爆発とかね。活劇をやってる時は気にならないものでも、『トトロ』でやったらものすごく気になったですね、サツキとメイだけじゃなくていろいろなことを含めて。だいたい子どもたちが同じリズムで走るはずがない。実際、子ども見てれば、ものすごくわかりますよ、メチャメチャでバラバラなんです。友だちと話しながら帰ってくる子どもたちを見てるとわかるけど、サリーちゃんみたいにふたりでペラペラ交互にしゃべりながら歩いてる子なんて、いないですよ。後ろを向いたり、横に行ったり、それが間断なく続いていく。窓から子どもが通るのを見てみなって何度もいったんですよ」

［注］

1　映画公開時、サツキは小学六年生と公式に設定されたが、制作期間の後期まで四年生として進行していた。

2　おおつか・やすお　一九三一年島根県生まれ。五六年東映動画に入社。アニメーター、作画監督として『太陽の王子　ホルスの大冒険』『ルパン三世』『未来少年コナン』等に参加。

カット 243 のレイアウト。静養中のかあさんを見舞うサツキとメイ。姉妹の母親との接し方の違いが描かれる。

サツキとメイ

——宮崎さんは、娘さんはいらっしゃるんですか？

「いや、いないですよ。男の子がふたり、僕の兄弟も四人兄弟でみんな男です」

——なぜ女の子ふたりの姉妹にしようと思われたんですか？

「僕が男だからですね。男だったら、カンタの兄弟でしょう。そしたら違いますね」

——もっと荒削りになりますか？

「いやあ……もっと痛ましくて、僕には作れないでしょうね。あまりに自分の子ども時代のこととオーバーラップしてしまって。だから、それは作りたくない。例えば、僕自身と母親との関係てのは、あんなサツキみたいに親しいものじゃないですからね。もっと自意識過剰で、それはお袋の方だってそうで病院にお見舞いに行ったからって、抱きつくわけにもいかない——つまり、サツキがちょっと恥ずかしくってすぐ寄って行かないのが、もっとなんですね。そうすると、サツキのおふくろさんはどうするだろう……たぶん髪の毛でもとかしてあげるんじゃないかな——そうすることによって一種のスキンシップをやってると思うんです。それが実はサツキを支えているんですね。そういう配慮はあるはずです。実は、そういう話が本当にあって、制作の木原くんがこういう話を聞いたことがありますってある女性の話をしてくれたんです。

彼女の母親が病気で、それで子どもに何もしてあげることができなくて、だからその子の髪の毛だけは、病床で話をしながらセッセと梳《と》いてくれたっていうんです。それが彼女にとっては、ものすごく支えになったっていうんですね。だってアメリカ人のように、グッと抱きしめるとか、そういうことはなじまないですよ。しかも、もう小学校四年生になってればなおさらです。そしたら、やっぱり髪の毛梳かしてあげるっていう儀式がね、サツキにとってはとても意味があることなんだと思うんです。メイはね、膝にすがりつくことで、母親の体温を感じることができるんですよ。メイは抱きつけるんですね、まだ——

――あの病院のお見舞いをした後で家路へ帰っていく自転車の伸びやかな、三人の安心感があふれるゆるやかな動きには感激しました。表情も内心のうれしさがあふれでてたいいシーンでしたね。こういうことを監督自身に聞いていいのかと思うのですが……サツキが感情を押さえきれずに泣きだすシーンがありますね。あのシーンについてを、ぜひお聞きしたいのですが？

「はじめから、あんなにわんわん泣かせるつもりじゃなかったんですよ。サツキはきっと張りつめてる娘かなと思ってたんですけど。Bパートまでやってね、サツキとメイの関係を見ていくと、メイの方が物をあんまり深く考えないでそのまま生きてるから、メイはあまり鬱屈《うっくつ》してないんですよ。で、サツキは絶対鬱屈するんですよ。なぜかというと、良い子すぎる。無理があるんだ、ということをはっきり、こう本人も無理を認めた方がサツキも楽なんです。不良少女になりますよ、あれじゃ。だから、この娘《こ》はどこかで感情を爆発させてあげないと駄目だと思ったのは、半分のBパートまで絵コンテが行ってからですね。Cパートにもうかかってからです」

――木戸もあけ、御飯もお弁当も作り、妹の世話もして、ですからね。

「Cパートやって、それでDパートにかかる時に、これはもう絶対サツキは頭にきちゃうだろう……かといって、鍋ぶつけたりするのは嫌だから。僕も覚えがあるんです。けっして、子どもの時に母親が寝てて、台所をやらなきゃいけないというのは美談じゃないですよ、日常ですからね。たまの一日だけ寝た時、かわりにやってあげるのならいいけど、日常でやるとつらいですよ」

――半年ぐらいずっとやってるわけですからねえ。

「お父さんもやってるでしょうけどね……。だから、一回ね、サツキがどなって、泣いてということをしてあげないと、サツキが浮かばれないと思ったんです。だから、母親が病院で言ってるでしょう、サツキがかわいそうだって。そのくらい理解してあげないと、サツキは不良少女になっちゃうなと思いましたから……。だから、エンディングの止めの絵も、お母さんが帰ってきたら安心して、普通の子どもにまじって遊んでいるサツキにしたんです。顔も似てるからどれがサツキかわからないくらいで、それでいいんだ。メイも、いつも姉さんにつつき回されてる妹じゃなくて自分よりチビができて、それを引きつれて遊ぶんだというふうにしてあげた方がいい。

だから、トトロとサツキたちが一緒にいるという、そういう絵は故意に外したんです。そこにとどまっているとあの子たちは人間界に戻れなくなるからです。あれからは、全然トトロに会わなくなっちゃっていいんだと思うんです」

――雪ダルマぐらいは作って、それをトトロたちが。

「見てるかもしれないけど、もうそれでいいと思ったんです。でも、基本的にその辺のエンディングの絵はそうしようと気づいたのはやはり終わりまで行ってからです。そこでやっと作品が見えたんですね。その時、もう続編はないと決めました。トトロたちとは一度会っただけでもう充分なんですよ」

カット760のレイアウト。泣きじゃくるサツキを見て、庭先の土手に上がってしまうメイ。サツキの感情の爆発が、メイに行動を起こさせる。

もっとも悩んだシーン

――『となりのトトロ』を見ていて、子ども時代のいろいろな思い出を思いだした人は多かったようですね。

「僕が所沢へ越してすぐの頃、近所に川が流れていて、そこに自分の子どもがはまったらしいというので、両親がとびこんで近所中大騒ぎになったことがあるんです。汚いもうドブ川みたいな川なんですけど、みんな懸命に捜してね。そしたら、その子どもがひょっこり現われて、何のことはない、別の所で遊んでいただけなんですけどね。そういうことってあるんですね。そういう時って、突然日常がふっとんじゃうんです。

お祭りに一緒に行った弟が帰ってこなくて、『誰か連れてったんじゃないの』っていったら、みんなバラバラになっちゃってハグレちゃったこともありました。迷子になっちゃったんだ、とわかってね。最近だと電話とか知ってるし、迷子なんてならないんだけどね。その時に感じた、見つからないかもしれないという気分とかね、あわてて戻ってみんなで手わけしてお祭りの暗い中を捜した時の気分とか、見つかってどこかの知らないおばあちゃんの袖につかまって泣いててね、そのおばあちゃん困ってしょうがないから連れて歩いてたという（笑）……そういうことによって、あの映画はできあがっているんですよ。ストーリーいらないんですよ。九十分にすることができたらよかったなあと思うんだけど、どこをふくらませるかといったら、トトロの部分じゃなくて、サツキとメイの生活のところをふくらませるだけなんですよ」

――あくまでトトロではなく、サツキやメイの物語だってことですね。

「電話をかけてから、帰ってきてね、サツキとメイが寝ているっていう所があったでしょう？　あそこは、本当に困ったんですよ、しばらく。しゃがんでね、台所のとこ行ってしょぼんとしているサツキを描いてみたら、全然違うんですよ。そういう気分じゃないんですね、自分は。自分のお袋が入院してて、家に女中しかいなくてね、今はお手伝いさんていうのかな。仲悪いんですよ、女中と子どもたちっていうのは。敵同士なんですね。朝なんていうと、バーッと布団ひんむかれるし、情け容赦ないんですね。向こうだって、十八歳か二十歳《はたち》ぐらいでしょ。ガキども扱って、いうこときかないし、頭に来てたんだろうと思うんだけど。で、兄貴が学校へ二部授業で出てきてね、〝犬が連れてかれちゃったぞ〟と言ってね、自分がかわいがっていた犬がですよ。その時の気分を思いだしたんですよ。立っていられないぐらいの、ものすごく気持ち悪くなってね、悲しいとか、かわいそうってよりもね、もうどうしていいか、わからないわけ。親がいたら、なんとかしてくれっていうふうに親にいったろうけど、親はいないでしょう。女中は平気な顔してるんですよ。犬の面倒見なくてすむようになるから。その時、自分はその後どうしたんだろうと考えると、全然思いだせないんですよ……たぶん寝たんじゃないかと思うのね。

で、久保つぎこさんという『となりのトトロ』のノベライズ本書いてくれた児童文学の人と話したんだけど、『そういう時、子どもってどうすると思う？』と話したら、久保さんもやっぱり寝るんじゃないかというんですね。それで、サツキがコロンと寝ころがって、寝てしまったところを描いたら、ものすごく納得がいったんですよ。

メイにはね、すぐ寝ないだろうと思って、家に着く頃には泣きやんでいるでしょう。オモチャを習慣でいじってるんだけど、全然気が入らないでね。そのうち眠くなってね、そのまま寝ちゃうんだろうと……。

それがわかった時に、突然ね、実に自分がその時何をやってたんだろうかってことがわかったんですね（笑）」

――人生の空白が、わかったと（笑）。

「そうですね。たぶんそうだったに違いないってことがわかったんです。たぶん、どの部屋で寝たのかっていったら、何もない部屋でね。もう布団とか枕とか全然思いうかばないまま、その場でコトンと寝ちゃったんだろう。

その時、女中が布団かけたり、枕持ってきたなんてことは絶対ないだろうと思うんです。だから、僕は、あのシーンが非常に好きですね。そこをかぎつけるってことができたってことが非常にうれしかったんです。

で、男鹿さんにこういう所でコトンと寝てるのを絵に描いてね、『これ、どう思う？』ってきいたら、『こういう所で昼寝したら、気持ちいいですね』ですって（笑）。

逆にいうと、子どもを親たちというのは一見誤解してて、〝こんな時に平気で寝られるって思っててね、子どもってのは罪のないもんだ〟とか思ったりするんだけど、実は子どもにとっては、平気どころじゃなくて、立っていられないほどで自己防衛のために寝ちゃうんであって、だから寝ているってのは、本当は一番困ってる時だと思うんです

――登校拒否の子どもなんか家へ帰ってきてグーグー寝ちゃうとか、本当に張りつめて困っている時だから寝るんだろう……そういうのがわかった時に、前よりちょっとだけ、

いろんなことがわかった気になれたんです。
しかも、メイは実はトウモロコシをかかえて寝てるんです。実は、あのアングルだと、抱いてるトウモロコシが見えないんですけど、しかしこちらに向かした絵にしちゃ駄目なんですね。こっち側で顔見えちゃうと、しかもそれがしょんぼりした顔だったりしたら、嘘になってしまうんですね――あのシーンを突破した時に、実は一番うれしかったんですよ」

――トウモロコシを持っているのは、考えませんでした。うかつですねえ。

「そういうの、わかりませんか？　僕は、臨海学校で生まれて初めてウニを見た時にね、こんなおもしろい物は、絶対病気のお袋に見せたいと思って、それをそのまま宿舎の縁の下に置いといたんですよ。今思えば、お袋はとっくにウニなんて見てるはずですよ（笑）。当然、縁の下のウニはくさっちゃって、ガッカリした記憶があるんだけど、その時に自分の驚きとか喜びを、少しでも分けてあげたいと思う時に、それはお母さんがもう見てるんじゃないかとは思わないですよ。

初めて自分がとったトウモロコシで、お婆ちゃんが取ってくれたとかは忘れてるんですよ。これをお母さんに届けたら、お母さんは元気になるわけでしょう。そしたら、トウモロコシはメイにとって、キイワードなんですよ。トウモロコシをあげれば、お母さんは治るに違いない、お婆ちゃんがああいったんだし。しかも、このトウモロコシはお母さんが大好きなメイがとったトウモロコシだ」

――きかないわけがないと。

「そこまで思ったかどうかはわからないですけど、とにかく、これを渡せば、お母さんは自分の所に帰ってきてくれる――とね」

――お姉さんも泣いて困っているし。

「でも、あの時、メイはむしろ初めて、これは大変なことだとわかったんですね。サツキが泣いてるのを見ることで。これは、お母さんがただならないことなんだって、だから絶対に行かなきゃならないと思った……。

ああいうのはいいですね。ああいうことってのは、みんな子どもの時に一度や二度は経験してるんじゃないかと思うんです」

――トウモロコシの文字はどこで?

「病院の横の木の上で、サツキが爪で書いたんでしょう。メイはまだ字なんてかけないですからね」

――クライマックスのメイを捜すシーンで夕焼けから夕闇への処理が美術ですばらしい緊迫感を出していましたが、光の今回の演出はどうでしたか?

「光はいつも意識してますよ。光がないと、画面はおもしろくなりませんから。ただ真昼から陽がだんだん西に傾いていって、夕焼けになって、それから暮れなずんで夜になっていくというのが映画の四分の一以上のラストを占めてるわけだから、それは男鹿さんにとっては、大変だったと思いますね。

途中で〝もう少し暗くなってもよかったね〟なんて話は出たけれど、もしやったら大変ですよ、〝夕焼けですよ、真っかっか〟というように決めてしまえば楽なんですけど、逆にその分、前はずっと夕焼けを抑えたんです。

一回ぐらいしか出ていないですよ。それでも病院から帰ってくる時に、陽がかげっているのだから、背景も陽が落ちて色味が強くなっているはずなんです。ただ、日本を舞台にする以上、その美術と光をしっかりやっておかないと、陽ざしをみんなが知っているので駄目なんですよ。決してすべてがうまくいったとは思わないけど、やたら派手にするのをがまんしていた分だけ、最後の四分の一のシーンの色と光の変化が鮮明になったからよかったです。ただ、あれはやっぱり『高原の夏だね』って（笑）。『湿気がないから、秋田の夏じゃない？』なんていって笑ってたんですよ」

——光もそうですが、たとえば雨が降ったり、風が吹いたり、夏日和だったり、月光がさえざえとする月夜だったり、天候の印象も大きかったですね。子どもが敏感に天気と反応するからですか？

「だって、世界はそういうもんじゃない（笑）。それだけですよ。晴れの日もあるし、曇りの日もあるし、夕立が降ってくる時もあるし、風が吹く夜だってあるさ……ということです。
本当は、人間はそんな天候や温度と肌をふれさせながら生きてきたんですよ。だから、カンタの婆ちゃんがサツキやメイに肩入れするのも、街から来た子どもたちにスワタリが見えたということで、このふたりがものすごく好きになったんです。いわゆる街から来たよそ様の子ではなく、くもりのない目を持ってる子どもなんだということがわかったんですね。こういう子たちなら、空の青さや、地面に落ちてるどんぐりや、道ばたに咲いてる小さな花に気づくんですよ。そして、それは今、全国にいる子どもたちだって実は同じなんですよ」

――『ラピュタ』を見て、ふと空を流れる雲を見てその雄大さに見とれたり、『トトロ』を見て、道端の雑草の小さな花や植物の若葉にふっと道を歩いていて気づく大人や子どもたちは、ふえるんじゃないでしょうか。

「作っていて本当に幸せだった作品です」

――宮崎さん、これからも子どもたちのためにがんばっていいアニメを作ってください。本日はありがとうございました。

（吉祥寺にて、インタビュー・池田憲章）

Part3

『となりのトトロ』の制作現場

『となりのトトロ』の世界観をつくる上で、とりわけ美術のはたした役割は大きかった。

雑草の色、水の透明感、木肌の色合い、月明かりに染まる庭……ありふれた日本の風物を超絶的な美しさで描き出した美術の男鹿和雄の世界をカラーで収録。

男鹿はじめ、映画公開当時のスタッフインタビューと、樹が高くそびえてゆく名場面を生んだ二木真希子、映画全体の色彩設計を担当した保田道世の新規インタビューから、制作現場を振り返る。

美術

男鹿和雄

「ここまでやったのは、初めてですね。ずいぶん修業になりました」

日本家屋を描く

――サツキたちの家というのは、ずいぶんなつかしい感じの家ですね。

「宮崎さんと最初の段階で、相談しながら間取りをいろいろ考えたんです。六畳間がいいか、八畳間がいいかとか、部屋がいくつあったら話がうまいこといくかとか、そういうのを考えて、ああいう家になったんです。外見は、宮崎さんのボードでほぼ決まってましたから、あとは、そのつじつまをどう合わせるかという作業でした」

――モデルになった家はあるんですか？

「特定の家というのではないのですが、群馬県に僕の親戚の家がありまして、そこの写

カット31の美術ボード。草ぼうぼうの庭にポツンと立つ一軒家。
モデルになった特定の家はなく、
外観は宮崎監督のボードでほぼ決まっていた

真を撮って送ってもらったりしました。縁側なんかは、だいぶ参考にしてます。宮崎さんには、日本家屋のキッチリした間取りの重要さを教えられましたね」

――男鹿さんが子どもの頃、あんな感じの家は、あったんじゃありませんか?

「いや、僕は知らなかった。うちのほうは田舎(秋田県)ですからね。ただ、えらい人とかお金持ちの家に、ああいうハイカラな建物があったかな、という記憶はかすかにあるんですけど……あとは、宮崎さんに、昔はああいう家が多かったと説明されて、あらためて吉祥寺のあたりを見回すと戦前から残っている家があるんですよ」

――窓がアルミサッシじゃなくて、木枠の家ですね。

「木枠だと、古く雨ざらしになって木目が浮き上がってくるでしょう。ああいうのをさり気なく描き入れるだけで、ずいぶんあったか味が出るんです。縁側の板と木枠の窓のほうが、やっぱり、しっくり合いますしね。描いている時も気分的に楽しかった」

――家の中の柱や天井の色など、いかにも古い家という感じでしたが…?

「色がありすぎると、どうしても新建材になっちゃうんです。白っぽくても、茶色っぽくても、新しい感じになってしまう。わざとらしくない色にしようと思ったら、色はどんどんなくなっていきますね。実際には、もっとたくさんの色があっても、絵にして本物らしく見せようとすると、色はおさえ目にした方がいいんです」

――色の数をですか?

「数も、色の鮮やかさも。それでも、渋い色なりにも、組合わせしだいでは充分、光って艶があるように見えますからね」

――たとえば、柱の黒光りとか？

「ええ。柱の上の方を思いきり暗くしても光の当たっている下の部分を、茶色っぽい明るさに持っていくだけじゃなく、グレーとか、空の反射のブルー系の色を少し入れたりすると、木が光ってるように見えてくる。柱の明るい面に向いている方にある、草や空の色を少し加えてやると……木はあんまり物を映したりしないけれど……きれいな明るさが出るんです」

自然の植物の色

――雑草なんかも、あらためて映画で見せられると美しかったですね。あの色使いにも、何か工夫なさってるんですか？

「今まで、林や雑草のしげみの暗がりというと、色を青味の方に落としていくのがほとんどなんです。そうすると、どうしても冷たい暗がりになってしまう。だから、暖かめのグリーンとか茶系の色を、暗い方にどんどん入れていくんです。そうすると、艶のある明るさと暗さが出来るわけです」

――色使いの工夫というわけですね。

「色はやはり、計算しましたね。たとえば、草のかたまりがあったら、上に出ている草は明るくて、下のかげりに生えている草は暗く描かなきゃいけない。それに、明るい草の中でも、影と光の色を一種類と、中間の影と光の色を一種類。暗がりの影と光の色もそれぞれ一種類ずつ、それらに付く逆光の色も一種類ずつという風に、三段階の明るさの中に、それぞれ三種類の色を作りました」

――スタジオの美術の部屋に、雑草の鉢植えがありましたが、参考用ですか？

「実は、あれは他のちょっとした植物が植わった鉢だったんですが、そのうち雑草が出てきて、それをそのままほったらかしにしておいたんです。そしたら雑草の勢いが強くて、ああなっちゃった。

その雑草たちを見てると、花屋で買った鉢植えの花より、ずっと飽きないんですよ。毎日、見てても。観賞用の花は、一日見てると、最初はきれいだけど、すぐ飽きるんですね。美人は三日見ると飽きるけども…というのと同じですね（笑）。

成長が毎日、見えますからね。雑草は正直に生きてるから…光を求めて窓の方に向いたりするんですよ。このあいだ、また拾って来たドングリ植えといたら、今、芽が出てるんですよ。ドングリは、かなり芽が出ますね。最終的に、踏みつぶされたり、鳥に食われたりして、それほど木にはならないと思うんですけど…」

——今回、セルの線が茶色カーボンだったでしょう？　それが自然の緑とよく合ってましたね。

「あれ、なぜ合ってたかというと、実際、五月でも真夏の盛りでも、草見てると、茶色っていうのがけっこうあるんです。枯れた葉っぱが必ずあるんですね。だから、自然の草むらや森を描く時に、グリーンだけで描くよりも、枯れた色をどこかに入れると、よけいグリーンがきれいに見える」

——じゃあ、今回はグリーンと茶色が色のポイントだったわけですね？

「そうです。この映画の背景の色で、一番使ったのは、セピアとクロームグリーンなんですよ。建物の柱にもグリーンを使ってますし……色を混ぜる時に、関係ないようだけれども、それらの色を混ぜて使うと、屋外から家の中に画面が切り変わった場合でも、それほど色が変わったという感じがない。全部、同じ世界にいるんだという感じがする…気分的なものかもしれないですけどね。だから、今回、何を描くにしても、セピアとクロームグリーンは必ずといっていいほど、入れてます」

透明感と光の色

――水の透明感は、どのような色使いで出したんですか？

「今までのアニメーションやイラストの水というと、空の色の反射を強く出したブルーがほとんどでしょう。マンガとしては、それで悪くないんだけど、『トトロ』みたいに、いかにもありそうな風景を追っていくと、本物に近い描き方をしなければいけないわけです。水が透けて見えるというのは、水底が見えるわけなんです。透明な小川の水を描くとしたら、何かの影が落ちて暗くなった部分か、底が見える。陽が当たって明るい部分は、空のブルーや白の光を反射して光るから、底が見えない。そう描くと、実物の水に見えてくるんですね。あと、水の下にある部分と上にある部分の色をよく見て描く。石や土は、水に濡れると暗い色になるけど、草なんかは、あまり色が変わらない、というところなどですね」

――逆に、神池の水はにごった感じで実写みたいでしたね。

「山の中の沼とか、用水池の写真を参考にしたんですけど、ああいう所の水は、それほどきれいじゃない。不透明だから、水面に空や森の木の色が映りこんでくる。するとあんな、にごった色になるんじゃないかなと思って…今回は何を描く時にも、素材の色に映りこみの色をかぶせて出来た色を、きちんと捉えて描くということに重点をおきまし

カット285（フィルム場面）。涸れた池をのぞきこむメイ。水面は陽が当たって、空のブルーや白い光を反射して光るから、底が見えない。本物の水に近い描き方をしている

カット746（フィルム場面）。トウモロコシを抱きしめながら茶の間で眠っているメイ。茶箪笥や窓ガラスに、青空や外の緑が少し反映されている

た」

——透明感と色の反映というと、窓ガラスの描き方にも同じことがいえそうですね。

「ええ、前半で、サツキとメイが家の洋間のガラス窓の所に立って『ワーッ　ボロッ!!』というシーン。窓に面して目だつ白っぽいもの——たとえば、サツキの黄色い服——があれば、ハッキリ映る。暗いものがあっても映らない。だから、暗い部分は部屋の中がよく見えてるんです。それから、後半の、サツキとメイが夏の昼さがりに昼寝しているシーンですね。うまくいったかどうかちょっと自信ないんですけど、茶ダンスとか窓のガラスに、青空や外の緑を少し反映させているんです」

——それが、より本物に近い背景につながるんですね？

「結局、光があれば、何にでも反映はあるんですね。たとえば茶わんの端に電灯の光が映っている。それを描くとしたら、光の角度を考えて、どの部分に光が当たって、何が映っているのか、そこさえまちがえないように描く。あとは、デッサン力の問題です。たしかな部分に、正しい大きさと形で光が入っていれば、それだけで充分リアリティーは出せると思います」

宮崎演出にこたえる美術

——今回、自然を正直に捉えるというのは大変な仕事だったと思うのですが？

「ここまでやったのは、初めてですね。ずいぶん修業になりました。宮崎さんには、細かい筆のタッチで、描きこめば描きこむほど存在感というか、力がどこかに現れるといわれたんです。けど、僕は、どっちかというと、あまり描きこみたくない方なんですね(笑)。できるだけ簡潔に描いて、それで描くものの特徴がよく出て、画面の密度がそれほど薄っぺらにならなければいいと思ってるんです。もっとも、そうする以上、描くものの特徴を本当によく知らなければならない。それで、スタジオに鉢植えの花なんか持ちこんで観察したりしましたけど…。あとは、画面構成の問題ですね。かなりボケボケの背景でも、手前にすごくかっこいい草が一本、ピーンと伸びてきたりすると、それだけで画面の密度がかなり高くなる。そんな描き方をしたいなと、いつも思ってたんです」

——それにしても、ずいぶんさわやかな風景でしたね？

「そのさわやかさに関しては、僕のひとつの悪い面でもあると思ってるんですけど……僕は、どっちかというと、あんまり南方は好きじゃないんですよ。あの…暑い所とか、ちょっとボケてしまいそうな所は。だから、絵にどうしても、暑さが出てこないんです」

——そういえば、草いきれみたいなムッとくる暑さは、画面から感じられませんでしたね？

「宮崎さんに、よくいわれたんですけど、山本二三さん（同時上映の『火垂るの墓』美術監督。長崎県出身）は、西の方の人だから、湿気を出すのがずいぶんうまくて、僕が描く絵には湿気がない（笑）。まあ、がんばれば、少しは出るかもしれないけど、ごく普通に描いてると、そういうもんっていうのは、しょうがないのかな、と思っちゃってるんです。後半の夏のシーンで、ひまわりの葉っぱなんか、もっとしおれて、くたびれてていいはずなんですけど…そうすると、今度は子どもたちの元気さが…」

——画面効果を考えると…。

「そうすると、画面がすごく疲れた感じになりそうで、それがちょっとつらかったんです。だから、グリーンの色さえ出てれば、あとは元気な方がいいんじゃないかと思って、元気なひまわりを描いたんです。まぁ、これはこれでひとつの世界として、宮崎さんは見てくれたと思うんですけども。もっと、リアルさを追求すると、大人のドラマになっちゃうと思うんです」

——『トトロ』のリアルさとは、ちょっと違いますからね。

「みんなに植物図鑑を見てもらったり、細かい部分を実物を観察して描いてもらったりしたんですけども、ある程度そのものの特徴さえ出れば、あとは…記号みたいな葉っぱもずいぶん描きました。時間的な問題もあったし、あまり細かいところまで描きこむと、画面が重くなりそうな気がしたんです。『トトロ』のお話ですから、軽くて明るい画面で、それでリアリティーがあって、というと、細かい部分の特徴をうまく捉えて描くという風になってきたわけです」

――今回、ハーモニーのブックが多かったみたいですけど、セルに色を塗るわけですが、どんな絵具を使うんですか？

「セル絵具に、ふつう背景で使う水彩絵具を混ぜて作るんです。ハーモニーというのは、動画みたいに動かすわけじゃないから一枚きり描くだけでいい。だから、けっこう複雑な色を混ぜて使っても、後で困ることないんです（笑）」

――カンタの家のフスマも、片方は背景なのに、一方がハーモニーで動きましたね。どういう風に色を合わせたんですか？

「実は、ハーモニーを描いた後、そのうえからブラシをかけて、暗さを背景の色と合わせたんです。今回、わりと美術で工夫して、というのが多かったので、楽しかったですね」

――ほかに、難題を美術で工夫して、ということはありましたか？

「前半で、サツキとメイが見上げると、大楠の梢がセルでチラチラと風にゆれるシーンがあったでしょう。あれは、最初もっと梢そのものを、ゆさゆさ動かすはずだったんです。何回かテストもしたんですけど、結局、使いませんでした」

――どんな方法で動かすんですか？

「ブックを三枚使って、それを複雑にずらしながら動かせば、梢が動いているように見えるんじゃないかと思ったんだけど、ひとかたまりの緑が、そこだけ動いているという感じにしかならなくて…(笑)。だから、草とか木は、動かそうと思ったら、相当の覚悟で作画で動かしてもらうしかない。そういう結論が、今のところ出てます」

秋田の土と関東の土の色

――今回、土の色もかなり現実の色に近かったですね。水たまりの底の土とか…。

「薄茶色――ほとんどグレイに近いんですけど…グリーンとか白の中に入ると、グレイというのはすごく、土とか木の色に見えてくるんですよ。木なんかも実際に見てみると、ほとんどグレイなんです。茶色じゃなくてね。土も茶色ぽく見えるんだけど…」

――灰色に近いですね。

「ただ、今回、庭なんかの土に関しては、宮崎さんから、関東ローム層の赤土がほとんどだから、赤くしてほしいといわれたんです。僕は、土の色というと黒とかグレイと

カット295の背景画＋セル。底が抜けたバケツごしにドングリを見つけるメイ。庭の土の色は、宮崎監督からの指示で関東ローム層の赤土の色に近づけている

いった、あまり色のない色だと思ってたから、ずいぶん抵抗があったんですよ。それで、どんどん赤くしながら『これくらいでどうですか？』といったら、宮崎さんは『いや、まだ。もっと赤い！』（笑）。それで、あれくらいの色になったんです」

――男鹿さんがご存知の土の色というのは、やはり故郷の……？

「秋田の方は、黒っぽい土なんですね。もっとも、山の土の色なんですけど、葉っぱの下なんかを引っかいてみると、黒っぽい土が出てくる。田舎の平野部は、田んぼの土の色、さっきいった灰色っぽい感じに多少茶色味があるかな、という感じの粘土色ですね。田んぼの色は、全国どこでもあまり違わないみたいですね」

――この舞台、松郷みたいな風景は、男鹿さ

んの故郷の風景とは違ってますか？

「ええ、こういう景色、あんまり知らないんですよ。僕の家の方は、まわりを見ると、ずうっと田んぼがあって、ところどころに林とか川があって、東の方にブワーッと屏風みたいに奥羽山脈が連なってる。その山がないから、ずいぶん感じが違います」

――秋田は雪国だから、家の造りも違うのではないですか？

「ええ、関東と東北ではけっこう違います。瓦屋根もうちの故郷の方じゃあまりないですしね。雪のすべりをよくするために、みんなトタン屋根なんです」

――あの縁の下にラムネのビンがころがっているところなんかは？

「僕の実家の思い出もありますね。よく子どもの頃、地グモ獲りとかミミズ獲りとかで、縁の下に入ったこともあります。それにね、うちの坊主も、縁の下に何か突っ込んだりしてるんですよ。穴ぼこかすき間があると、子どもって、何か入れたがるんですよね」

――『トトロ』は初夏から夏の終わりの風景ですが、男鹿さんが好きな季節は？

「秋とか春ですね。春は、いっぱい物が生えてくるでしょう。秋田は雪が多くて、真冬の間は、ほとんど緑がないですから、春に土が出て来た時の、あの嬉しさ。草がちょっと雪のすき間から出て来たという、子ども心に感じた嬉しさというのは、むこうの人はみんな持ってると思います。あとは秋。山にキノコとか栗とかアケビなんかどっさり生えて来ますからね。僕ら、そういうの採って遊んでたんですよ」

――夏はどうでした？

「夏休みの僕らの遊び場というと、ほとんど川原なんです。朝から夕方まで、泳いだり魚を獲ったりとか…それで、川まで行く途中の畑でもう勝手に枝豆とかキュウリとか採って行くんです。川原で食べる（笑）」

――そういえば、サツキたちもナマでキュウリをかじってましたね。

「今の子どもたちは、キュウリとか人参をナマで食べて、うまいというのは知らないでしょう。実際、うまい野菜も少なくなりましたけどね」

大楠とトトロのすみか

――あの大楠は、男鹿さんがお描きになったんですか？

「裏側が野崎（俊郎）さんで、表側の水天宮のある方が僕です。大きな木をまともに描いたのは、初めてなんですけど、楽しかったですね」

――描きこむ楽しさですか？

「というよりも、大きさを出せる楽しさです。ああいうでかいものになると、端から端までいっぱい平均的に描きこんでも、大きさは出ないんです。どこか、何もないところがないといけないと思う。でも、その部分に何も描きこまないというのではなくて、そういう部分も実際にあるんだ、という見せ方をするために、幹に光を横切らせるとか、端っこの方に細かい苔を描き入れたりして大きさを出そうと苦労したんです」

——木肌の色使いについては？

「幹の色は、土と同じで何だかわかんない色になってますけど、苔の色とかグレイとか、木の葉の反映したグリーンが入ってます。森の色ですよね。で、明るい色と暗い色のコントラストで、木の立体感と量感を出してみたわけです。あの楠は、うねって生えてるでしょう。だから描きやすかったですね。まっすぐに立った木は描きづらい。だから、ドンドコ踊りで大きくなった庭の木は、ちょっと描きづらかったですね」

——トトロがいる洞窟の緑は、あざやかで、ちょっと幻想的な世界ですね。

「これは、最初は木をくりぬいた木肌の洞窟という設定だったんですが、どう描いても、うまくいかなかったんです」

——それは、トトロがツメで引っかいて大きくしたような穴だったんですか？

「宮崎さんに、そういう方がいいですか？　と聞いたら、『まっ平らな壁でいいんです。どうやって作ったかわからないような、きれいな洞窟でいい』といわれたんです。でも、きれいな木肌というと、木目もキッチリ描かなきゃいけない。そうすると、どう描いても新建材になっちゃうんです。だから、『じゃあ、これはやめよう』ということになって、かわりに苔なんかあったらいいんじゃないかという話になったんです。でも、苔と

◀カット409の背景美術。根元に水天宮の祠がある大楠

いうと湿り気があるでしょう。そしたら、トトロが住みたい気分にはなれないだろうから、苔があっても湿気を感じさせないように中を全部明るくして、出来れば、きれいな花もいっぱい咲かせて、ここは別世界ということにしてしまおうということで、あの緑の洞窟が出来上がったんです」

——あの洞窟は、木のどのへんにあるんですか？

「よく大木なんかだと、幹がガランドウになった部分があるでしょう。あそこなんです。それで、トトロが上に昇って外に出ることも出来る」

——なんか秘密基地みたいですね。

「ほんとうに、あんな所があったらいいですねェ（笑）」

月光と雨の風景

——雨のシーンは、今までの緑あふれる風景から、うってかわって暗っぽくて、モノトーンの色合いでしたね。

「雨のバス停にサツキとメイが駈けてくるシーンあたりは、色の種類はなかったですね。ここのボードは七月頃の、だいぶ最初の頃に描いたんです」

——青っぽい夕暮れの稲荷前のバス停ですね。

カット502の美術ボード。黄昏の稲荷前バス停。
背景美術は、美術ボードよりも色味をなくした描き方で、全体が進められた

「これでいけるかどうかが、全然わかんないまま描いてて、宮崎さんにも『これでいきましょう』と言ってもらえたから……あとは、それより色気をなくした描き方で、全体を進めていったんです。まるっきりグレイだと、ちょっとさみしい。それで、草とか木の葉のグリーンも見えるはずだし、こういう暗い所の木のすき間から入って来る光なんてのは、多少青味に見えてもいいんじゃないかと思ったんです。実際には、青っていうのは、ないんですけどね」

——サツキがトトロと出会うシーンのバス停の後にある木は、なんの木ですか？

「ケヤキです。でも、この木は難しかったですね。幹がただベターッとした筒ですから……たまに何かちょっと模様がある。もっとも、僕が最初ケヤキのつもりで描いた木があった

んです。それを見て宮崎さんが『これは杉にしか見えない』って（笑）。結局、ケヤキと杉の両方でいきましょうということになって、このシーンの並木が出来たんです」

——このあとのシーンで、月光がパアッと明るくなって、庭が青く染まりますね。

「ここは、ずいぶん悩んだんですよ。最初スポット的に庭だけが明るくて、周りが暗くて、という感じで描いたんです。すると宮崎さんが、『そうじゃなくて、月明かりだから、むこうのハケ山まで光が当たっててずっと遠くまでちゃんと見渡せて、ちゃんと夜の色で、派手な青とか使わないで渋い色で透明感が出せないかな』と、難しい注文を出されたんです。それで出来たのがあの色なんです。それで、たまたま出来た一枚のボードを宮崎さんに出したら『これでいきましょう』ということになったんですが、それにどんな色を使ったのか忘れちゃったんですね（笑）。その色をまた作るのにずいぶん苦労しました」

——このシーンのために、特別に色を調合したんですか？

「ええ、僕らが使ってるポスターカラーのビンに五色をそれぞれ二本ずつ作って、このシーンの背景を担当した人に『この五色だけ使えばいいシーンですから』って渡したんです」

——この基調となったブルー系の色はどれくらいの色を混ぜて作ったんですか？

「コバルト、クロームグリーン、セルリアン、ライトブルー、ブラック…ブルー系とグリーン系と、グレイ系の色ですね。あれくらいの明るさで、あれ以上暗い所も作らないで、遠くまで見透せて、雲と星が出てていうと、透明感は出てくると思います」

――このシーンだけは、色調が統一されてるせいで、よけいに幻想的なんですね。

「ええ、でも、モノトーンにはしたくなかったから、土とか木の色は、グレイとか、ちょっと紫色や茶色を使ってるんですよ」

時間経過を背景でやろう

――サツキが迷い子になったメイをさがす後半の背景は、時間経過を追って刻々と色合いが変わっていって、きれいでしたね。

「昨年の秋頃に、宮崎さんから『今までアニメーションで、やりたいけど出来ないから誰もやろうとしなかった。そういうシーンですから覚悟して下さい』といわれて……」

――たとえば、正午と午後二時頃の風景というのは、どう描きわけるんですか？

「影、なんですね。物の真下に影が落ちれば、真昼に見えますし、横に影が映るようになると、それなら少し時間がたって陽が傾いた感じになる。あとは、色の問題……」

――というと？

「サツキとカンタが本家へ走っていって、村を歩き回っているシーンまでは、真昼の色

シーンから、それまでブルーだった空に紫系の色が少しずつ入れられた

ですね。道や木の葉にハイライトで白い部分があったり、コントラストを強くして明暗をくっきり分ける。それでも、ちゃんと影の部分に鮮やかなグリーンが残ってる」

――その後は、メイとサツキが昼寝してるシーン。午後三時くらいですか？

「時間は考えたことなかったけど、午後もかなり遅くなってますね。西陽が強くなってきてるぐらいの時刻。井戸も影の中に入ってますからね」

――これは、塚森の影？

「いや、西側からの光ですから家の影ですね。ここは西陽が強い感じを出すために、光が当たってる部分は黄色味を強くしてあるんです。そして、光と影の部分をはっきりふたつに分けたんです」

――陽射しが強いから？

「それもあるんですが、この井戸端の場面は宮崎さんの演出的な理由もあるんです。おかあさんの

カット787の背景画＋セル。丘の上から迷子になったメイを探すサツキ。この

病状が心配なサツキの不安な心の影を、画面で見せてやるというか……」

――この後は、黄色をどんどん入れていってるわけですか？　竹林の場面とか……。

「光の当たってる所には、赤まではしないけど、黄色味を増やしてます。ふつうの昼間の色とははっきり違えてます。実際、夏の日の夕方になってくると、木もれ陽ってのは、なんか暖かい色に見えるんですね」

――陽が落ちてしまうと、また色味が変わる。サツキが丘に登って、西の空を見渡した場面からですね？

「そうです。ここから空の色をはっきり変えてる。ずっとブルーだった空に、これ以後、紫系の色を少しずつ入れていったんです。それで、西の空はもう赤く染まってる」

――もう夕景ですね。

「実際の夕焼け空を見るとわかるんですけど、空自体が赤くなるというのは、太陽が沈んでかなりたってからなんです。それも地平線の上のほんのちょっとの部分だけなんです。太陽が沈む前から空が赤くなるというのは、実際は雲が西陽を受けてあかね色に染まってるんですね」

――この次の段階というと、カンタが自転車で、芋畑の所に来る場面あたり…？

「芋畑の葉っぱにもオレンジとか黄色味が入ってます。そして、その次が、サツキが神池に走り込んで来る場面です。まだ空はそれほど暗くしてませんけど、線路側は東側ですから意識的に暗くしてある。次の段階が、メイが六地蔵のところにポツンといる場面です。けれど、空の色は前とそれほど変えてません。ただ、草とか地面の色をかなり暗くしてますから、ずいぶん暗くなった感じはすると思います。そして、ネコバスが松の木にとまってる場面あたりが、かなり夜に近い…けど、完全に夜にはしてないんです。空の下の方がまだ少し明るく残してある。宮崎さんの描いたイメージボードでは、まだ空はオレンジ色でしたから、ネコバスは、日没の黄昏がもっとも絵として、合うんだと思ってましたからね」

――最後に、今回のお仕事の感想をきかせて下さい。

「まともに自然を背景の主役として捉えた仕事というのは初めてなんです。もっと、もっときれいに描かなきゃいけないと思う部分も、いくらでもあります。こういう仕事は機会があったら、もっとやりたいですね。なんぼ描いても、これでいいということは絶対にないですからね。こういう、自然物に関しては…」

——どうも、ありがとうございました。

（追記：この取材の日、四月七日は朝から冷たい雨が降っていた。「雪、降るんじゃないかな…」呟く男鹿さん。まさかと思ったが、夜から気温はぐんぐん下がり、翌八日、東京地方は気象台開設以来二度目という四月の積雪をみた）

おが・かずお◉一九五二年秋田県生まれ。アニメーションの背景美術会社小林プロダクションで小林七郎に師事。TVシリーズ『ガンバの冒険』の美術設定などを手掛ける。『となりのトトロ』『おもひでぽろぽろ』『平成狸合戦ぽんぽこ』『もののけ姫』で美術監督を務めるほか、ほとんどのスタジオジブリ作品に参加。著書に『男鹿和雄画集Ⅰ・Ⅱ』『秋田、遊びの風景』ほか。二〇一三年公開予定の高畑勲監督作品『かぐや姫の物語』でも美術監督を務めている。

原画

二木真希子

「やってる時はいつも、もういやだって思うんですよ」

――二木さんが原画を担当されたシーンの中でも、引っ越してきたばかりのメイが大喜びで見入った生き生きとしたオタマジャクシの群、チビトト（小さいトトロ）や中トトとメイが出会うシーン、トトロと姉妹がドンドコ踊りをすると木の実がものすごい勢いで成長して巨木になるシーンが特に印象的でした。例えば、オタマジャクシは何かをご覧になりながら描かれたんですか？

「特にフィルムを参考にしたとかはなかったので、あれは子どもの頃の記憶ですね。実際にオタマジャクシを捕まえて遊んだりしましたから。家の近所に原っぱや池なんかもいっぱいあったんですよ。今では空き地はすぐに囲われちゃうんですけど、その頃は出入りが自由で、多少の秘密基地を作っても平気な時代だったんです。暇さえあれば、草

僅かな水溜まりにオタマジャクシがうごめいているカット286。
オタマジャクシの動きは、子どもの頃に捕まえて遊んだ記憶をもとに描かれた

メイには見えていないと思っているチビトトが、すまして通りすぎるカット300。
チビトトは、三歩で一回伸び縮みさせてちょっと不思議な動きにしている

むらや池の周りで遊んでいました。昔見てたものがちゃんと役に立つことってあるみたいです」

――一方で、トトロは架空のものですよね。

「はい（笑）。いつか見てみたいですけどね」

――そうすると、チビトトがぴょんぴょん動きながら進んでいく様は、何をもとに描かれたものなんですか？

「あそこのところで覚えているのは、宮崎さんとの打ち合わせです。ふつうに一歩一歩ごとに伸び縮みするのではなくて、三歩で一回みたいな動きにしたら面白いんじゃないか、という話をされて、『じゃあ描いてみよう』と」

――質感としてのイメージはあったんですか？　たとえばネズミみたいとか、子猫みたいとか。

「具体的に何かの動物に例えたような記憶はないですね。『もしかしてこういうものなのかな』と思いながら、見たこともないものを描くっていうのは、どうせ誰も知らないから好き勝手できる。みんながよく知っているものだと『ちょっとこれは違う』とかいわれたりするけど、誰も知らないものは描いちゃった者勝ちで、こっちが提示したものが受け入れられれば『ラッキー』なんですよね。宮崎さんの絵コンテが最後まででき上がったのは作画期間でもずっと後の方なので（笑）、描いている間は『トトロって何者なんだろう』ってずっと思ってました。トトロがどんな存在かは映画が完成してから初めて解った気がします」

――その時点では、メイの「これ誰だろう？」みたいな気持ちと重なりながら描いていた訳ですね。

「かもしれないですね。今、トトロがみんなにこれだけ受け入れられているほどには、その頃はそんなに『かわいい』とか『人気が出るだろう』という意識はもちろんないんですよ」

――ちなみに、ドンドコ踊りで急成長する巨木っていうのは、あるようで、ないもの。実世界ではあんなスピードでは伸びないし、実際に二木さんも早回しなどで木の成長をご覧になった訳ではないですよね。あのシーンは一体どうやって描いたものだったんですか？

「あれはね、まったくデフォルメした成長なんですよ。実際の植物の成長の仕方とはまったく違うんです。簡単にいっちゃえば、葉っぱを落とさない。あのシーンで葉っぱを落とす訳にはいかなかったんです。

成長をリアルに描こうとすると、落ち葉が雨のようにザァーザァーザァーザァー落ちてくるんです。落葉樹だけでなく常緑樹だって毎年たくさんの葉を落とします。成長の過程で必要なことなんですよね。実際、落ち葉の雨を描こうかと考えた時も一瞬ありました。でもすぐにそれは違うだろうと。落ち葉を描いたらそっちがうるさくて、実際見てもらいたい、伸びていく勢いみたいなものが見てもらえなくなる。だからそれはまず、『表現としていらない』と。

あのシーンで求められているのはリアルさではなくて、生命力なんです。それを一番優先した表現にはしていたつもりです。葉っぱを落とす訳にはいかないとなると、上に上げていくしかない。しょうがないから、葉の塊が持ち上がっていくように描くんだけど、単純にそれだけだとブロッコリーみたいなものがだんだん大きくなっていくようになってしまうので、下からどんどん新しい小さい芽や若木が追いついていくようにしました」

――どんどん足されていく。

「そう。上がっていく勢いを若木が助けていく。ずっと上に向かう勢いっていうのを持続させるために、どんどん下から描き加えて、追いかけさせていったんです。枝がもこもこって雲のように広がっていくシーンも、できるだけそのままの形を広げていくんじゃなくって、どっかから新しい塊が生まれて、そこからまた新しい塊が生まれてっていう、どんどん足されていく感じを大事にして描いてます。そういう風にして作った空想の成長の仕方なんです。全然リアルじゃないです」

――毎回苦労されることとは違うと思うんですけど、ここにすごく神経をはらうっていう

トトロのドンドコ踊りで、若木群がみるみる育っていくカット625。
若木の急成長は、リアルさよりも生命力を優先した表現で作画された

のはどういうポイントなんでしょうか。共通するものはあるんでしょうか？

「もし共通するとしたら、絵コンテを見て、『そのカットでは何が求められているか』をなんとかうまく拾い上げて表現する、ということでしょうか。悲しいかな腕が足りなかったりしますけどね。できるかできないかは別として、監督がそのカットで何を求めているかっていうのを何とか見つけて、そこに追いついていこう、にじりよっていこうとする努力が一番大事なんじゃないかと思っています。できなくてすごく落ち込むこともあるんですけど」

——トトロの時も、落ち込むことありましたか？

「どんな作品でも、大変な原画をやってる時はいつも、もういやだって思うんですよ。な

かなかうまくいかない時、だんだん気分が滅入ってきて、もうやれないんじゃないか、自分はダメなんじゃないかと思うんです。ところが出した（描き上がった）途端に、『あ、まだやれるじゃん』と思う。その繰り返しです。リテイクがきたりすると、またそこで凹むんですけど。まあそれに耐えてないと仕事は続けてられない。
でもトトロの時はそれほどでもなかったんじゃないかな。思い出って、良かった事ばかり残るので確かじゃないけれど、好きなものを沢山描けて、大変だったけど楽しかった記憶が残っています」

ふたき・まきこ●一九五七年生まれ。大学卒業後、テレコムに入社。『天空の城ラピュタ』の原画に参加以降、多くのスタジオジブリ作品の原画を担当。自身の著書に絵本『小さなピスケのはじめてのたび』などがある。

仕上

保田道世

「優しくて透明感のある色が欲しいとオリジナルの色の絵の具を作りました」

――保田さんが高畑さんや宮崎さんと親しくなったのはいつ頃なんですか。

「私は一九五八年に東映動画の社員一期生として入社したんですけど、みんな若く、アニメーターも撮影も美術の人も仕上の人も一緒に遊んだり、お喋りしたりで仲が良かったです。六四年に高畑さんが労働組合の副委員長、宮崎さんが書記長、私が書記になってからより親しくなりました」

――仕事での関わりは？

「高畑さんの『太陽の王子 ホルスの大冒険』にトレースで参加し、高畑さんや宮崎さんの仕事に対しての姿勢に共鳴しました。で、徐々に色指定もするようになったんです」

――色指定はどんな仕事ですか。

「簡単に言えば、キャラクターから小物まで色を決めて、カットごとにその色番号を書き込んでいくんです」

――宮崎さんの『となりのトトロ』と高畑さんの『火垂るの墓』の長編二本を同時に制作するのは「暴挙」だとまで言われましたけど、保田さんは両方に参加（『火垂るの墓』は色彩設計）されました。これはどういう経緯だったんですか。

「高畑さんの『柳川堀割物語』のアニメーション部分を手伝っている時に『火垂るの墓』を作ることが決まりました。高畑監督の作品に参加したいとは常に思ってきましたから、『火垂るの墓』に参加するのは自然でした。宮さんからは『風の谷のナウシカ』をやっている時に『となりのトトロ』の企画を温めているとイメージボードを見せてもらって面白いなと思っていました。こちらは、最初は他の人が色指定をやることになっていましたが、その方の都合がつかなくなってしまったんです」

――二本同時にやるのは大変だと思いませんでしたか。

「私自身がどういう担い方で二作品に参加していくかを話し合い、『火垂るの墓』をメインにする。『トトロ』は全体の面倒を見る。その上で、具体的な色指定は水田信子さんに中心になってやってもらうことにしました」

――二本同時に担当することになって、まず何を考えましたか。

上段は、仕上スタッフ用に作られたメイの色指定表。各部位ごとに色（英語表記の略語）と彩色絵の具の整理番号が書き込まれている。下段は、彩色見本

「当時はバブル時代に入る前兆があった頃で、世の中が騒々しくてプラスチック系の色が氾濫していたんです。私はもう少し優しさのある色が欲しかった。で、絵の具を作ることに踏み切りました。自分で絵の具を混ぜてオリジナルの色を作ったんです」

——何色ぐらい作ったんですか。

「二本で試験的に二百五十色ぐらい作りましたけど、実際に使ったのは百五十色です。『トトロ』で使った色数は既存のものを含め三百八色で、そのうち七、八十色が新色です」

——『トトロ』はどんなイメージにしようと考えましたか。

「優しくて明るい色にしようと思いました。色に優しさを持とう、透明感を持とうというのはすごく意識しました。優しい感じにするために、普通は実線は黒なのですが、茶色のカーボンも作りました」

——トトロのグレーと白は本当にフワフワで優しく見えますね。

「トトロは動物の温かさや柔らかさを出すために、グレーの中にグリーンを少し入れています。三匹が全部自然じゃなくてもいい、一匹ぐらいとんでもないのがいてもいいと思って、中トトは宮崎監督が提案してくれた青にしました」

——サツキとメイの色でご苦労はありましたか。

「サツキやメイの洋服の色は黄色やオレンジですけれど、優しさがある新色を作りました。ただサツキのオレンジ色のスカートの影を作るのが難しくて、思った通りになりませんでしたね。

宮さんの世界は日本人だとかどこか別の国の人だとかいうこととかけ離れた世界なので、メイの髪は黒は合わないと思って茶色にしました。そうしたら宮さんが外国に行った時、『日本人の子どもなのに何でこんな色なんだ』と言われたそうです（笑）」

――ネコバスもテレビアニメなら可愛い色でカラフルにしてしまいそうですが、薄い茶色になさっていますね。

「宮さんの世界はファンタジーなんだけど、どこかホントを入れるんです。だから、ネコバスがピンクじゃいけない。動物の温かさが必要なんです。そうすると、見る側にとって本当らしく見える。そういう本物に近い部分は常に作りますね。トトロももしかしたらホントにいるかもしれないという色じゃないとダメなんです。

宮さんは、『それらしく見えるようにしてください』とよく言いますね。暗いからって、ただ暗くしてもダメなんです。絵もデザイン化しているから、色もデザインするものだと思います。それをちょっと誇張するのが宮崎さん流ですね」

――水が透明に見えるのにも驚きます。

「『トトロ』にも『火垂る』にもお風呂に入るシーンがありますけれど、そのお湯の表現も『トトロ』のほうが色がある。青っぽい色を残して、タイルの色を出しながら、バシャバシャやっているんです」

――同時に二作品を手がけていかがでしたか。

「いろいろなことをやらせてもらって、貴重な経験でした。のちのち色彩設計をやっていくためにとても役立ったと思います」

（構成・柴口育子）

やすだ・みちよ◉一九三九年東京都生まれ。東映動画（現・東映アニメーション）で『太陽の王子ホルスの大冒険』に参加以来、高畑勲・宮崎駿両氏の多くの作品の色指定・色彩設計を担当。その仕事は『アニメーションの色職人』に詳しい。二〇一三年公開予定の宮崎駿監督作品『風立ちぬ』にも宮崎監督に特に請われて参加している。

録音演出

斯波重治

「『ナウシカ』『ラピュタ』以上に神経を使ったところも」

友だち的父親を演ずる

——まず、糸井さん起用の経緯《いきさつ》から聞かせてください。

「いろいろ考えて、オーディションもしていたんですが、宮崎さんにそのテープを聞いてもらっても『やっぱり普通のお父さんになってしまいますね』ということだったんです。宮崎さんによると、このお父さんは子どもと友だちでいられるお父さんで、いわゆるお父さん的なイメージとは違うんだ、ということでしたから、じゃあ、ちょっと特殊な人でこの声をやれる人をさがしておきましょうといっていたわけです。

そうしたら、その翌日ぐらいに宮崎さんから電話があって『糸井さんはどうですか』

とおっしゃる。えーっ!! と思いましてね。まったく考えていなかったものですから、その時頭をかけめぐったのは、糸井さんがNHKの教育テレビに出ていた記憶と、CMと、ときどき巨人戦の解説をテレビでやっているのと、そのぐらいでしたかね」

――宮崎さんが糸井さんを指名した理由というのは?

「それがね、糸井さんが宣伝のコピーを書くためにジブリにいらした時に、お子さんを連れていらしてたんですって。宮崎さんが糸井さんのためにジブリの中を案内していて、フト糸井さんとお子さんを見ていたら、自分の考えていたお父さん役のイメージにどうも近かったらしいんです。宮崎さんがそうはっきりおっしゃったわけじゃなかったけれど、どうもそうらしいです」

――糸井さんは声をあてるのは初めてなので、不安もありましたか?

「ええ。声をあてるというのは、よほどの俳優さんでも難しいことで、特殊な能力を要求されるんです。それで、ちょっと心配な部分もあるので、一度直接お目にかかって話をしたいといったら、『アニメージュ』編集長の鈴木(敏夫)さんが仲介の労をとってくれて、糸井さんに電話をしてくれた。そうしたら『テストしてくださって結構です』と糸井さんがおっしゃったんですって(笑)。

それでデンスケかついで、糸井事務所にうかがいまして、お父さん役のイメージをお話しして、できる限り自然な形で録音をとったんですよ。それでこの人は出来る人だなとは思ったんですが、ほかのキャストとの関係が心配だったのと、もうひとつ、オフロのところの笑いが難しい——笑いというのは身体を全部解放しないと出来ないんですよ。プロでも難しいんですが、とくにこのオフロのシーンは、すこしおびえた感じになりながらヤケクソになって笑わなきゃいけないでしょう。それが心配だった。うまくいけば話題のキャスティングになるんですが、一種のカケでしたね」

——実際のアフレコ現場では？

「一日目、二日目としだいによくなりまして、とにかくドンドンよくなる。それでオフロ場の笑いは最終日の最後の最後にとっておいた。さあ、どうなるか、不安と期待で始めましたら、一発でＯＫとなりましてね。糸井さんは意識したかどうかわからないけれど、芝居の劇中劇なんかで使う方法なんです。その笑い方が。やっぱりこの人は違うなあ、やっぱり一芸《いちげい》に秀《ひい》でているということは、どこか優れたところがあるということなんだなあ、と思いましたね」

北林さんの演技プラン

——ところで隣のオバアさん役の北林谷栄《きたばやしたにえ》さんは、実は『ナウシカ』の時に、大ババの役をお願いしていて、あの時は調整がつかなかったんですね。

「ええ。『ナウシカ』の時は舞台が入ってましてダメだったんです。『ラピュタ』のドーラは感じがちょっと違うなと思ったんですが、今度はむしろピッタリなんじゃないかということで、実は最初に決まったんです。で、どう思いました？」

——とってもおもしろかった。

「そうでしょうね。台本や資料をお渡しして、アフレコ当日お目にかかったでしょう。そうしたら『このオバアちゃんですけど、絵に描かれているのとはちょっと違うイメージでやってみたいんですけど』とおっしゃる。えっ、どんな感じに、とうかがったら『きれいな高い声でこういうオバアちゃんを演ると、とってもおもしろくなります』とおっしゃるんです。ちゃんと演技プランを持っていらっしゃった。僕も宮崎さんももう少し低めの声を想定してましたんで、一瞬ホウッと思いましたが、それでやっていただいたら、第一声が出たとたん、宮崎さんも笑いだすわけ『おもしろいねー』と。北林さんのように何十年という俳優のキャリアがあると、そういうことが自分の役作りとして感じられるんでしょうね。

ただし、しゃべりのテンポや口の開け方なんかはまったく合わなくなってきてしまう（笑）。宮崎さんも『いいや、合わなくても』なんていい出して、結局、あとで絵の方を直してもらったところも一、二カットあります。それと、もう少し緊張感というか緊迫感があった方がいいというところもあったんですが、そう申しあげると『劇画というものはそうかもしれませんが、のんびりした方がこのオバアちゃんの感じは出ます』とおっしゃられて、ハハアー、失礼しました（笑）なんていうところもありましたね。ただ七国山の病院から電報が来るところの『メイちゃんはここにいなー』というセリフは、こちらの注文でやや緊張気味にお願いしたんですが、それでもご自分の線はちゃんと残っているんです。

だから、ああいう俳優の方を使う場合はほんとうはプレスコ（作画前に声を録音して、それにあわせて作画すること）がいいんですよね。宮崎さんもそうおっしゃってたから、次あるとすればプレスコにするんじゃないですかね」

三倍手間をかけた効果

――そしてトトロの声ですね。

「あれは高木均さんの声を、ハーモナイザーで回転を落としまして、それに風の音を混ぜているわけです。だから高木さんもあれをお聞きになったらびっくりなさるかもしれません」

――実際のアフレコの時には……。

「なるべく太い低めの声でやっていただいたんですが、それこそ普通にやっています。

それを、声の長さは変えずに、ピッチだけを落とせる機械にかけたんです。もう少しいろいろ出来たかな、とも思うんですが。

だからトトロとかネコバスは、僕なんかは〝風の通り道から生まれてきた〟と、どこか思っているんですね。トトロなんかはしゃべれば風の音がする、そういうふうにもっていっていいだろうと思ってました」

――今回は効果音もよかったですね。

「そういっていただけると、ありがたいんですけれど。いやー、今回は効果には普段の三倍ぐらいの手間はかかっているハズなんです。というのは、この作品が昭和三十年代初頭を舞台にしていることもあって、リアルな音づけをしないと絶対にダメだからということで、井戸のポンプの音をはじめとして、みんなロケハンに行って、みつけてきた生音《なまおと》なんです。一軒家を探したり、バスを捜したり。足音なんかも、東宝のスタジオで映画用にそういう音をとるいい場所があって、ミキサーさんと一緒に、まる二日間そこへ行って音を録《と》ってもらったりとか、いろいろやりましたからね。

それに、こういってはなんですが、いままでの三作品の中でも、とくに風の音や生音には神経を使ったつもりなんです。音のいい劇場で観ていただきたいですね。

そして、一緒に上映している『火垂るの墓』、このリアリズムをつきつめたというか、まさにあの兄妹が実在しているというところまで演出された『火垂る』と、この『トトロ』という対照的なアプローチを持った作品、これをアニメ関係者がどう観てくれたか、楽しみにしてるんです」

しば・しげはる◉一九三二年東京都生まれ。『風の谷のナウシカ』『天空の城ラピュタ』など宮崎駿作品のほか、『うる星やつら』『天使のたまご』『機動警察パトレイバー』など録音・音響監督を務めた作品多数。

音楽

久石 譲

「日本が舞台でもあえてそれを意識しなかった」

土着的ではない作品

——今回は録音前にご病気をなさるなどいろいろ大変だったようですが……。

「病気のことはおいておくとして、今回の作品は物語がドラマチックじゃないでしょう。大きなストーリーの流れはあるんだけれども、日常的なシークエンスが並列につながってゆくような形になっている。だから、音楽も強い音楽を書いちゃいけないという気持ちが最初にあったんです。強い音楽だと、画面から遊離しちゃうような気がして。

それと、イメージアルバムを今回も作ったんですけど、普段なら〝何々のテーマ〟という形で基本的なイメージが出てるんだけれども、今回は歌のイメージアルバムを作ったでしょう。それも、日常的なシークエンスが多いから、インストゥルメンタルの曲よりも歌のほうがそのシーンのイメージがはっきりすると思っていたからです。
それがサントラのほうにもそのまま反映していて、ストーリー性が弱いぶんだけ、どこをどう補強していくか、そこがいちばん悩んだところでしたね。自分としてはドラマ性の強いもののほうがやりやすいし、『トトロ』は対象年齢も少し下がったので、一歩まちがえば童謡の世界になりかねない。ちょっとシンドイなあという気持ちがあったことはたしかでした」

――なるほど。映画のオープニングは、「さんぽ」という曲なんですが、そのはじまりの音が一種バグパイプのような音ですよね。今回の作品は以前の『ナウシカ』『ラピュタ』の無国籍的なイメージとちがって、ちゃんと日本が舞台ということになっていますよね。〝日本〟ということは意識されましたか？

「ただ、日本の風土に根ざしたドラマではないでしょう。宮崎さんの作品にはそういう風土感がないと思うんですよ。『トトロ』も日本が舞台ということがわかっているんだけれども、土着的な日本でしか生まれないふんい気というものは感じられなかったんです。そういう点でのこだわりはなかった。バグパイプを出したのも、音楽打ちあわせの時に『バグパイプなんかイントロにあったらどうですか』って聞いたら、宮崎さんが『おもしろいですね』とおっしゃって、それで入れたら、とっても喜んでもらえたんですよ。そうしたら『全部に入れてほしい』と宮崎さんがいいだして(笑)」

——宮崎さんが好きな音色ですよね。

「まさにそういう感じなんです。だから、宮崎さんの作品の場合、独特のローカリティに根ざしているわけじゃない。そういうものから出てくるふんい気はありませんね」

——映像と音楽に違和感はなかったと思いますが、とくに意識したことは?

「それはこういう物語のあり方とも関わってくるんだけれど、この作品は中編でしょう? ちょっといい方が難しいけれど、普通のオーケストラだけの曲を書くと、ごくあたりまえの幼児映画になってしまうんですよ。だから『トトロのテーマ』はミニマル・ミュージック的な、ちょっとエスニックなふんい気を持たせてます。子どもたちが家の中を駆けまわるシーンでは、メロディー自体がリズミックな感じの曲にして、リズム感を出したり。そういうことはかなり意識的にやったし、BGMの曲数もかなり多く作りましたしね、あとで抜いてもいいようにと思って。

エスニックなものと普通のオーケストラの曲を両方使うということでは『ナウシカ』以来一貫しているんですよ。ただ今回は、『さんぽ』『となりのトトロ』という歌をメインテーマにして、僕らが〝裏テーマ〟と呼んでいた『風の通り道』を木の出てくるシーンに使った。そのへんの構造が、うまくいったのでよかったんじゃないかな」

宮崎さんの鋭い感覚

——今回のシンセサイザーとオーケストラの曲の割合はどのくらいですか？

「途中で病気をしちゃったんで、シンセの部分が少なくなったんです。だからオケが6でシンセが4ぐらいかな。本来なら、その割合が逆になったと思いますが、結果として、オケが多くて聞きやすくなったかもしれませんね」

——そのシンセの音がおもしろかったんですが、ススワタリの声も……。

「あれはアフリカのピグミー族という部族の声で、本来はかなり長いものなんだけど、その最初の〝ア〟という声だけをサンプリングしたんです」

——それをシンセで加工した？

「ええ。キーを高くしたりとかね。そういう手法はけっこう使ってますよ。タブラ（打楽器）の音も自分でたたいた音だし……。ああいうものって変に耳に残るでしょう？」

——そうですね。

「しまった。ほかで使えなくなってしまったな（笑）」

——生《なま》のオーケストラを使ったのは、そうすると割とメロディアスな部分ですか？

「そうですね。それと、一カ所ね、三分五十秒ぐらいの曲をオケでやった部分がありま す。それは、メイがオタマジャクシをみつけて、それからチビトトを発見して、不思議な森の迷路をぬけて、トトロに出会うというシーンなんだけど、この間、五十何カ所か、絵とタイミングをピッタリ合わせるという離れ技をやったんです。ゼロコンマ何秒かというタイミングでキッカケ出して。単純になっちゃいけないからというので、倍速にしてリズムをきざんだりとか、いままでのなかでいちばん時間かかったんじゃないですかね。ただ、ダビングの音量レベルが低かったみたい。だからスクリーンで見ても、バシッと決まる音が小さいから、いまひとつしまらないというか……」

——**劇場のせいもあるかもしれませんね**。

「そうかもしれないですね。ただ、これはアニメ全般にいえることなんだけど、どうしても音楽のほうが小さくなってしまいますね。セリフを聞かせて、効果音も出しているから、音楽の音量を押える、というのはどうにもローカルな発想にしか思えないんですよね。

外国映画なんかを観ていると、逆ですものね。音楽が10ならセリフの音量は8ぐらい。それでも充分にセリフは聞こえるんですよね。そのへんの発想を改めないと、世界の映画のレベルに追いついていかないんじゃないかな。やっぱり、テレビで三十分ものをやっている影響じゃないかという気がしますね」

——**なるほど**。

「単純に考えてもわかるけれど、どんなにセリフや効果音がうまくいっても、芸術的だといわないんですよ。やっぱり音楽がよかったから、レコードがほしいというふうに、みんな思うわけでね。外国なんかの場合、ここは音楽でふんい気を伝えるんだと考えたら、リアルな効果音なんかとってしまって、音楽だけで聞かせるようなこともやりますでしょ。そういう発想の転換をしてくれないかなあと思うんですよね。そういう点で、宮崎さんなんかはかなりいいほうだと思いますけど、音楽家の立場からいったら、もっと要求したくなりますね」

――宮崎作品なら、それが出来そうですよね。

「と思います。今回の作品ではね、いままで高畑さんがプロデューサーで音楽を担当してきて、(今回は)宮崎さんが自分で前面に立たなきゃいけなくなったでしょう。そうしたら音楽打ちあわせで『こんなおもしろいものを高畑さんはいままでやっていたのか。ズルイ』といいながら、やってました。でも、これまではどんな音楽があがってくるかわからないから、ダビングに入るまで不安だったけど、今回は頭に入ってたんで『ラクだった』っておっしゃってましたよ。宮崎さんは音楽わからないとかいいながら、けっこうスルドイ」

――たとえば？

「さっきの『トトロのテーマ』。あれは7拍子なんだけど、少し音が多いかなと思ったら、宮崎さんが『もう少し音が減りませんかね』っておっしゃる。そういうのが何カ所かあったんですよね。高畑さんは理論的だし、よく知ってらっしゃるけれど、宮崎さんは感覚的に鋭いなという感じ、それで僕の思ってることと、ほとんど同じことを指摘してくるんです。それが、すごくおもしろかったですね」

ひさいし・じょう●一九五〇年長野県生まれ。国立音楽大学在学中より音楽活動を開始。『風の谷のナウシカ』以降、宮崎駿監督作品、北野武監督作品などをはじめ国内外の多くの映画音楽を担当する。二〇一三年公開予定のスタジオジブリ作品『風立ちぬ』『かぐや姫の物語』の二作品の音楽も担当する。ほかCM、テレビドラマへの作曲など幅広く活躍中。

特別収録2

読者とか観客をちゃんとやれる人って少ないですよ、いま

親の立場って難しい！　サツキとメイのお父さんの声をつとめた糸井重里さんは、家ではガキ大将。宮崎監督は、恐ろしい不思議なおじいさんになると決意しているが……父親同士が本音で語り合った九〇年当時の痛快対談！

対談者
糸井重里

宮崎　『となりのトトロ』で糸井さんは宣伝コピーのほかに、お父さんの声でも出演してくれたんだけど糸井さんの声であの映画がちゃんとおさえられた。よかったです。以前、ＮＨＫの「スタジオＬ」を観ていて、司会してる糸井さんの声が「ああ、不思議な声だ」と思っていたんですよ。声優さんの声をいろいろ聞いてみたんですけど、みんな、あったかくてね、子どものことを全面的に理解している父親になりすぎちゃうんですよ。昔、「パパは何でも知っている」ってテレビあったでしょ、三十そこその親父《おやじ》がそんなになるはずないんだ。それで、これはどこか別のところから人を連れてこなくちゃいけないって話になりましてね。糸井さんがいいっていったのは、ぼくです。

糸井　宮崎さんがいったんですか？

宮崎　ええ、そうです。『トトロ』のコピーの件で一度お会いしてたし……あの声は不思議でいいんじゃないかってね。不思議でいいっていうのは変だけど……ぞんざいなところがいいんですよ。ぞんざいっていうのもまた変だけど（笑）。

糸井　意味をこめないしゃべり方といいますか……（笑）。

宮崎　自分が父親の体験者でしょ。父親の実像っていうのは〝パパは何でも知っている〟じゃないですよね。だから、そういう感じが出てたほうがいいと思いましてね。ほんというとドキドキしてたんですよ。うまくいって本当によかったなって、思ってるんですけど（笑）。

糸井　演出の方がテストで、むずかしいところの台本を破いてうちへ持ってこられたんですよ。やってみろっていうんだけど、できないですよ、そんなの。ダメになりゃいいやって思ってたら、なんとかやってみましょうとおっしゃる。もう知らないぞと思ってね。ぼくがダメでも代わりの人がいると思ってやったんです。

宮崎　代わりなんてぜんぜんいない（笑）。

糸井　いなかったんですか？　恐ろしいことをしたもんだ（笑）。

宮崎　映画は実際時間のないところで作りますから、声優さんの器用さに頼ってるんです。でもやっぱり、どっかで欲求不満になるときがある。存在感のなさみたいなところにね。特に女の子の声なんかみんな、「わたし、かわいいでしょ」みたいな声を出すでしょ。あれがたまらんのですよ。なんとかしたいといつも思ってる。でも、『トトロ』に出てくる女の子は、サツキの役もメイの役も声がよかったです。不自然な感じがなかった。

糸井　宮崎さんがおっしゃってる、その存在感のなさみたいなことでいえば、逆にぼくらはアニメっていうのはああじゃないといけないのかなっていうふうに思ってたんですよね。芝居《しばい》もそうだけど、過剰《かじょう》でないと伝わらないでしょ。たとえば、ぼくの声は、現実に子どもと接しているときはもっとそっけないわけですよ。そのへんで、思っていることと多少違うものを要求されて悩んだんです、本当は。むしろ「パパは何でも知っている」ならできるんですよ、まねで。

宮崎　ああ、なるほど（笑）。

糸井　そう。やれるわけ。だけど、それをやっちゃ意味がないわけでしょ。

宮崎　たしかにむずかしいです。ふだんのままでいいですよっていってるけど、ふだんのままじゃないんだから。

糸井　あれはうそです、うそですよ。ふだんのままやったら、こわい感じですよ、人がしゃべっているところって。こわいとかいばっているとかからかっているところとか――非常にね、なんというか、現実って邪悪な感じがするんですよ、意外と。

宮崎　わかります。むしろ自然に自然にって要求していくと、その問題にぶつかりますね。ふだんぼくらがアニメーションの声を入れているときに、いかにハレの声をいれてるかってことが逆にわかります。

糸井　ぼくの声を選んだっていうことは、ぼくのこの声をねらっているはずだけど、日常の声じゃなくて、表向きのハレの声を望んでもおられるのだろうし、結果としてそうなっちゃうし、そのへんのかげんはどうなってるんでしょうねって、演出の方に聞いたおぼえがあります。

宮崎　それはアフレコの現場でいつもぶつかる問題なんです。役者の側にしてみれば、何度も注文つけられるうちに、だんだんダメになっていくことがありますしね。……でも今回は、おばあさんの声を出した北林さんにはのけぞった（笑）。さすがです。びっくりした。

糸井　すっごいねー！　すごいんだ、北林谷栄さんは！　だって、たぶん彼女の力で、台本のほうが変わっちゃってますよね。

宮崎　本当の意味で自分流の表現にしていますね。

糸井　声の出し方がね、場所が違うんだ、ぜんぜん。台本をただ読むっていうんじゃなくて、空気中にあるセリフをつかみとってくるみたいな感じですよね。自分でつかんだセリフなの。

宮崎　緊迫したシーンでもぜんぜん緊迫した声じゃないんで、それを彼女に言ったら、「わたしはこういうところでそういう声を出さないほうがいいと思います」って言われてね。なるほどと思ったりして（笑）。

糸井　いわば、現場のやさしさっていうのがありますよね。たとえば、ぼくらが仕事でロケに行く。ある写真をねらっていく。そのとき、現場がなごやかだったりすると、撮影場所に行くまでの道のりとかが全部イメージに入りこんじゃって、いい場所だよなあって思ってる。すると写真撮ったときに、もう一種不純なんですよ。すでにその場所に惚《ほ》れているから。そのときはよく撮れたなあって思うけど、切り取った一枚の写真だけを見るお客さんの側からあとで見ると、そういう現場の甘えみたいなのに気づいちゃう。そんなふうにあとで失敗したと思うのはいやだから、しつこくやりたいなと思うんだけど、自分でもそういう現場では、それを言えなくなっているときがある。今回のアフレコのときも、ぼくの言い方がちょっと違うなと思っても、まあ、プロじゃないしっていうんでOKだしてくれちゃうんじゃないかっていう心配があった。でも、それは、結局そうならなくてよかったんですけどね。

とにかく、そもそも声をやるなんて思ってもみなかった。最初はこの映画のコピーをやってくれっていう話だけだったんだから。

最初は「このへんないきものは、もう日本にはいないんです。たぶん」って書いたんですよね。〝たぶん〟がついているから、いるかもしれない、というリアリズムをこめてぼくは書いたわけ。たぶん、ぼくも子どもたちにそういうふうに説明しちゃうと思ったんです。そうしたら、宮崎さんは「いるのです。たぶん」にしてくれって言ってきた。それ聞いたとたんに、すぐに、そうだと思ったの。

宮崎　「いるのです」って言ったときには、「いないのです」といったときよりたぶんという意味が重いんですよね。

糸井　うん、そうそう。

「いまの子どもはかわいそう」っていう言い方が気になる

宮崎　これもたぶんがつきますけど、いないのですという人のほうが多いですね、日本では。『トトロ』は昔を懐かしんでいる映画だと思う人がものすごく多い。ひとりで、そうじゃないって言いはっているんです。懐かしいって言われたときにいちばんムカッとくる。この前、林明子（絵本作家）さんと対談したときにも話したけど、「いまの子どもたちがかわいそう」っていう言い方が気になるんです。自然破壊というか都市化の現象は東京の街なんか何世代にもわたってずーっと経験してきているんです。なにもいまの子どもたちが急にそういう目にあっているわけじゃない。だから、いまの世の中にトトロ的なことがないのがおかしいとかって、そういう言い方をされるのは、違うのになあって思うんだけど……。

糸井　突然ですが、ぼくは毎年、セミを二百匹はつかまえてるなあ、たぶん。去年もおととしも。手でとるんです。オタマジャクシはもちろん、ザリガニもね。もちろん東京の中で、です。子どもには、もろ尊敬される。〝セミの天敵〟とよばれている（笑）。

宮崎　ぼくは東京の郊外の所沢というところにいるんだけど、そこに家を建てたらね、前に茶畑だったところで、ニイニイゼミが土台からはいあがってきたんですよ。えらいところに家を建てて、申し訳ないことをしたなあって思ってね。何年間かもぐっている間に、家が建っちゃったわけでしょ。

糸井 出てくるっていうのは感動的ですねえ。

宮崎 家の前の雑木林で、子どもたちが小さい頃はずいぶんカブトムシなんかをとりましたよ。勝手な話ですけど、自分がそんなところに引っ越してくるのはいいんだけど、それから先はもうだれも来るなって思ったりする（笑）。

ただね、やっぱり、街の子どもは、コンクリートだらけで、校庭までコンクリートにしちゃって、基本的にはかわいそうですね。

糸井 校庭をコンクリートにするってなにか意味があるんでしょうかね？

宮崎 文明開化のあかしだったんですよ。高度成長のあかしだったんです。

糸井 ローラースケートやるためじゃないですよね（笑）。手入れが簡単だということもあるのかな……。

ぼくは群馬県前橋市生まれで、川原で遊んで育った。それはそれなりに楽しかったけど、親父がいってたような小川に鮒《ふな》がいたみたいな世界は、農作物といっしょに育たないとないですよね。そういう〝昔〟はもうぼくらのときにすでになくなっていたからね。

宮崎 要するに、子どもはいつも〝いま〟に生きているから、昔もいまもないんですよ。

糸井 うん。

宮崎 ただ、家の近所の川が汚れていて、「この川は十年ほど前までは清流だったんだ」っていう話をすると、子どもは怒りましたね。

糸井 ああ。

宮崎 かんかんになってました。それが最初にうえつけたおとなに対する不信感じゃないかなと思った（笑）。結局、どうすることもできないんだみたいなことになっちゃうでしょ。そうすると、初めから一種のあきらめを子どもに教えていることになるんじゃないかなと思いましてね。川の浄化運動に立ち上がって必死にやっていたら、「親父たいしたもんだ」と思ってくれたかもしれない。だけど、「きたねーな」っていうだけでね。いつのまにか、そういう教育をしちゃってる。

絵本がね、しゃがむんだ。それがいやなんだ

宮崎 糸井さんは子どもの本が好きだなって思ったのは、自分に子どもがいるからですか？

糸井 そうです。

でも、絵本ていうのも、すごい厳しい見方すると、本当は小説が書きたいんだけど、ボキャブラリーが少ないとか根性がないとかで絵本に逃げちゃうみたいな人も多く見られるような気がぼくはする。それがいやで、絵本ってものに、いまでも偏見がすごく強いんですよ。

宮崎　ぼくもそれはかなりありますね。

糸井　プロ中のプロが作ったものがたまにあるわけで、青虫が穴あけるやつ（『はらぺこあおむし』エリック・カール作）なんか見ると、余技じゃないすごさがあるわけだよね。あと中川李枝子さんの本だとか……あそこまでいかないと、やっぱりいやだね。

宮崎　阿部進って人が『現代子ども気質』って本を書いた。六〇年代の頭ごろですね。衝撃を与えたんですよ、いろんな人に。いまの子どもたちは自分に比べて現実にはるかに柔軟に適応して、活力に満ちていて、そのバイタリティーで突破していくんだっていうことを書いてたんだけど、実はそう書かれた子どもたちこそ、例の団塊《だんかい》の世代の人たちなのね。後におとなになって神経症になったりする。そういうことみると、やはりそのときの状況だけを無条件に評価したり、そのときの子どもの現状をただ、いいんだと評価したものを作るのはまちがいだと思う。

糸井　ああ、それは両方違いますよね。おとなの作家が作るんなら、おとなとしてどういうふうに世間《せけん》を、世界を眺めてきたかというのが絵本の中に入っていないといけないんじゃないかと思うんですよ。中川李枝子さんの本をぼくが好きなのは、彼女はそれがあるんですよね。

宮崎　そうそう。

糸井　だから本物って感じがして、とても好きなんです。

広告屋の世界もそうなんだけどね、コピーライターになりたいっていう生徒に三種類のまちがい人がいる。ひとつはオーソドックスに先輩のまねをする人、もうひとつは先輩がやっても無駄《むだ》だからやらなかったことを自分では革命だとか冒険だとか思ってやる人。たとえば「うんこ」って書けばみんながびっくりするだろうと思って「うんこ」って書く人。もうひとつは〝星目《ほしめ》がち〟な人たち。この三種類がいるんですよ。それを具体的に分ける方法を思いついたの。すごい単純にいっちゃえば星目がちな人たちは恋人にプレゼントする花束を野で摘《つ》んでくる人なの。要するに、ヒメジョオンでもわたしがまとめれば可愛いし、心がこもってればいいと思ってる人。いやだ、おれはそれは、っていったの。ヒメジョオンはやめてくれ、おまえ、小遣《こづか》いぐらい持っているだろうと言いたい。もうひとつ、革命的な人たちはドクダミを持ってくる人たち。おれは、迷惑だからやめてくれ。で、もうひとつは赤いバラとかカスミ草の組み合わせで持ってくる人なの。この三種類のまちがい人がいるわけ。おまえな、花屋に行けば、季節ごとに美しい花があったり、値段だってべつにそんなに高くなかったり、自分の花束作れるだろう。それをどうしてこの三パターンしか、おまえら持ってこないんだって、説教したことがあるわけ。そこでどういうふうに選択するかっていうことですよ。いまっていうものとか、自分だとか全部をかけて選ぶことだってできるし、ひょっとしたら球根からちゃんと花を育てたっていいわけでね。そう思うと、全部インチキなやつらだと思うわけ、この三つは。それを直させることをぼくはもうあきらめたんだけど、自分がどれにあてはまると思うかだけ思ってくれよなっていったおぼえがある。アニメにもそれに似たことがいえるんじゃないですか……。

宮崎 ハハハ、いまそう思って聞いてました。

糸井 野の花を持ってくるやつのあつかましさね。

宮崎 〝うんこ〟って話、ものすごく思いあたりますよ。それに満ちてるんです。アニメーションやって絵描くでしょ、そのとき一番気にくわないのは、もの欲しそうなやつです。〝こっち見て〟と言いながらやってるような絵が一番よくないんです。

糸井 それは一種のわいせつ物ですよね（笑）。

それから、ぼくが一番信用しないのは、子どもと話すときには子どもの背の高さになると通じるっていう言い方があるでしょ。あれはね、ぼくは、絶対まちがいだと思う。やっぱり上からおさえつけるようにしゃべらなきゃ、わかんないと思う。実際には、ある権力関係があるわけですよね、それを隠しちゃダメだと思うのね。見上げるからおとなと子どもの関係なんで、友達と違う関係なんですよね。なのに、絵本がね、しゃがむんだよ。それがいやなんだ。

宮崎 絵本っていうジャンルが、おとなの女性がかわいいとか素敵とかっていうものとゴチャゴチャになってるでしょ。時代によって揺れ動いているけれども。子どもにずいぶん読まれている本なんか見ると、こんなもの読まなくてもいいんじゃないかとぼくは思っちゃうんです。でも、通俗文化っていうのはどこかでそういうくだらないものを、自分たちのアニメーションも含めて持ってますからね。一番子どもに読まれるものは、そういうものなんだけど、あまり好きじゃないですね、ほんとのところ。この程度でいいんだっていう判断がはたらいてるような気がして……。通俗文化をやる人間ってのは、永遠のパターンをいつも新鮮な気持ちでやってなきゃいけないってのもあるんですよ。あんまり子どもに向かってかがんでるやつは好きじゃないです。

糸井　変わりゃいいんだよ。高さなんか。あと、少年の心が変わんないほうがいいと思ってる信仰があるでしょ。〝少年の心〟なんて言葉もきらい。彼は少年の心を持ってる……なんてね。宮崎さんなんか、そういわれがちな場所にいるんだけど。

宮崎　ぼくはもう煩悩《ぼんのう》のかたまりのおとなですよ。

糸井　それ、すごくいいたいですね。

宮崎　人一倍、煩悩は強いです、ほんとに。それから、ロマンだとか夢だとか、もうそこらへんはやめてほしい。

突き抜けたバカっていうのは世界を明るくしますよ

糸井　いま、若い女の子が〝少年ぽさ〟だとかなんとかっていうのをね、自分がガキのくせしてよくいうじゃない。〝少年の心〟はぼくはお医者さんごっこだと思うのね。だから、ビー玉つめこむことを少年の心ってごまかすんじゃないよって言わせてもらう。あれは煩悩をつめこむんであって少年の心じゃない（笑）。

雑な言い方だけど、少年の心っていう言葉は〝バカがいい〟みたいな言葉に聞こえてしまう。いろいろやってぐるりとひとまわりした〝バカ〟なら、ぼく、好きなんだけどね。

宮崎　そうですね、わかります、ものすごく。そういう突き抜けたバカっていうのは、世界を明るくしますよ（笑）。

糸井　どうやったら、ひとまわりしたバカになれるかっていうので、おとなたちは苦心してるわけだよ、それなりに。それをね、手前でね、少年の心とか言ってごまかさないでほしい。絵本なんかある意味で、それに満ちてるよね、その世界に。自分が書けば違うと思うから、逆にやってみたいと思うんだ。むかし一冊作ったことがあるけど、それは絵と字がある本をやりたかったというだけで、ちゃんとした絵本ってまだ作ったことないんですよ。

宮崎　ぼくは子どもが小さいとき絵本を描きたかったんだけど、いまぜんぜん描きたくなくなった。孫ができたら描きたくなるのかもしれない。こういう商売で子ども向きに映画を作りたいと思ってるときに、近所に子どもがいないとか自分のまわりに子どもがいないっていうのはよくないですね。等身大の子どもがね、五歳なら五歳の子がいてくれたらね、もっとなんか豊富に世界が作れるのにと思う。おとなになるとどうしても忘れていきますからね。糸井さんは幸せですよ。六歳の子どもがいるっていうのはうらやましい。ぼくの子はもう二十一と十八ですから。毎年そのくらいの子がずっといるといいですね。

糸井 いやー、六歳でももう、ちょっと惜《お》しいなと思うくらいなの。五歳のときのほうがすごくおかしいんですよ。六歳は学校がはじまるの。それはそれで前向きでとってもいいんだけどね……。

宮崎 字をおぼえると、子どもってね、ちょっとくだらなくなるんですよ。

糸井 変わるんですよ。

宮崎 二歳半から五歳までなんだな。

糸井 うちの子が五歳のときに書いてた字がぼくは大好きなの。ところが六歳になると、その字が通用しないんだよね。

宮崎 赤ん坊のときから見てる子がね、だんだん大きくなってくるでしょ。ある時期まで、この子いいなと思ってる子が、だんだんつまんない子になっていくんですよ。それは辛《つら》いですね。だれのせいだろうと思うんだけど、やっぱり作った親のせいなのかなあと思う。

糸井　いや、どっかからもう子どもじゃないんですよ。
宮崎　すごいのになりそうだった子がふつうになっていくからね。

恐ろしくて不思議で不気味なクソジジイになりたい

糸井　どんな親かと言われれば、ぼくはガキ大将です。子どもにとっての。
宮崎　ぼくは痛恨の思いに満ちてる親です（笑）。自分の子どものときの体験からああいう親にはなるまいとかいろんなモデルがあって、それはやったつもりなんだけど、結局それは別な風圧になるのね、子どもにとっての。いるだけで親っていうのは風圧なんですよ。風圧なしに生きることはできないんで、風圧はなきゃいけない、当然あるわけだから。存在するだけでおたがいに風圧を与えあって生きているんでね。ダメな親だったらダメな親の部分をはじき返してほしいなと思うしかないですね。ただ、孫に対してはぼくは演じようと思ってます。手ぐすね引いて待ってるんですけどね。恐ろしい不思議なおじいさんになろうと思って……。
糸井　ふーん。
宮崎　おじいちゃんの部屋に入ったら、不気味な物がいっぱいあってね、こわいとかね。さわっちゃいけない物がいっぱいあるんだけど絶対さわりたいとかね。母親と父親に絶対内緒ですごい車に乗って暴走してくれるとかね。そういうジジイになれないかなと思ってる。

糸井　いいですね、そういうの。

宮崎　イギリスの読み物なんかによく出てくるよね、そういうおじいさんが。いろいろさんざんやっちゃって、あとは余生を楽しみゃいいんだって決めてるおじいさんがいるでしょ、そういうおじいさんになって、孫どもをドキドキさせてあげたいと思ってる。どうなるかはわかりませんけどね。場所がいるんですよ、場所が。そういう場所といっしょにおじいさんっていうのは存在するから。いつも同じ新建材の六畳間でごろごろしてたらダメ。むずかしいんです。その場所っていうのはどういうのかっていろいろ考えてるんですけど、天井にすごい雲の絵を描いてそこに横幅三メートルのテラノドンが空中からぶらさがってて、そういう部屋に座ってるおじいさん。

糸井　フフフ。

宮崎　ぼくの親父が何を思ったか、木彫りの仏像を買ってきてラッカーで色を塗《ぬ》り始めたんですよ、極彩色《ごくさいしき》で。真っ赤とか銀とか金とか緑なんかで塗ってる。それがズラーッと並んでるんです、部屋に。すごく不気味ですよ。中国の寺に入ったような気分。

糸井　いいなあ、そいつは（笑）。

宮崎　みんな気持ち悪がってるんだけど、ぼくだけおもしろがってる。ぼくはその仏像をもらってテラノドンといっしょにその部屋に絶対飾んなきゃいけないと思ってます。

コワイですよ。

糸井　いいなあ、それ。

宮崎　そういう不気味なものが並んでいる部屋にいるクソジジイになりたいなと思ってるんです。

糸井　自分の子どもにはできなかったですよね。

宮崎　できなかったです。仕事やってるだけで、働きすぎのお父さんとまったく同じでしたよ。陰影《いんえい》がぜんぜんないっていうか存在感がないっていうか、だから痛恨に満ちてる。やっぱり家が必要なんです。においのする、暗がりのある、そういう家を建てるのはむずかしいけど、場所を作んなきゃならない。あんまり世界が単純明快だと思ってる子どもたちっていうのは、ツーバイフォーのすみからすみまで全部わかる家に住んでるからそうなっちゃうんじゃないかと思うのね。

糸井　ここのとこ久しぶりに海外へ行くことが何回か続いたんですが、成田からの帰り道ずーっと道見てるでしょ、そうすると看板とロゴタイプは立派《りっぱ》なの。要するにグラフィックデザインはどんどん進んでいる。お金かかんないから。ところが「建築」が何もない。ただの茶色の箱とか四角い箱に立派なグラフィックデザインがくっついているだけ。だから、結局障子紙に絵描いているのとおんなじなんですよね。向こうは、シカゴでもニューヨークでもロスでも行くと、必ず建築家がそこにいるんですよね。大工でもいいんだ。建てるっていうことは表現だって思ってる人がいるんですよ。日本にはどうもあまりいない。

宮崎　いないですね。建築家の目が向いているのはモニュメントみたいなもの建てることだけ。もうそろそろ、こういう家を日本で建てようっていう問題提起があってもいいんですよ。突然古い民家借りてきて、それを改造しようというんじゃなくて。庶民が福祉や税制で優遇されて、それで建てて、三十年たったらよくなる家ね、三十年たったら建て替えなきゃいけない家じゃなくて、そういう家をもう建ててもいいころなんですよ。

糸井　それはひょっとしたら建築家の中から生まれないかもしれないですね。むしろ企業がやっちゃうかもしれない。

宮崎　みんな、最新流行をやってるだけです。だからぼくはなんとかしてクソジジイになって……そう思ってるんだけど、準備しないうちに孫ができたら困るな。

糸井　ふた役やるしかないですよ（笑）。

宮崎　ぼくはマジに真っ赤なスポーツカーを買おうかと悩んだんですよ。ずいぶん。まだ孫はできてないけど。もしここの菖蒲園《しょうぶえん》（この対談が行われた場所）みたいな庭を持ってたら、ぼくは池の上に石で作った恐竜を置きますね。島作って島の中にトリケラトプスの実物大ぐらいのやつ置いて、草ぼうぼうにしておく。そして子どもは入れない。潜《もぐ》りこまなきゃ見られないようにしておく。冬になると葉っぱが落ちるでしょ、隙間《すきま》から少し見える。そうすると子どもが絶対しのびこんでくると思う。少なくともこの中に何があるんだろうと思うでしょ、で、見つけたら怒鳴《どな》るんですよ。「出てけー！」って。
糸井　アハハハ、それは親じゃできない。やっぱりおじいさんじゃないと。要するに、社会的な規範をいちおう親が教えてるだろうという前提でやるものだから。
宮崎　そうなんですよ（笑）。
糸井　だから、邪魔するためには、もともとのところをちょっと作っておいてくれないと。
宮崎　で、痛恨の思いに満ちてるんです。

親にもせめぎあいっていうのがあるわけです。パターン化できない

糸井　親がむずかしいっていうのは、この前つくづく思った。うちの子どもは一回も欠席はないんだけど一日だけ遅刻があるわけ。理由ははっきりしててね。セミのいっぱいいる公園に捨てネコがいたんです。女の子だからもろに少女趣味でさ、その捨てネコが気になってしようがないわけ。で、見にいくんだよ、夜。そこまではOKなの。まあいいだろうって。朝、絶対あいつは気にしてるなと思ってたら、案の定《あんじょう》それを追っかけて学校を一時間ぐらい遅刻した。みんな席についてるし、そんな経験したことないから、なんかわたしは悪いことしたんじゃないかと思って、泣きながら学校に着いたらしい。

おじいさん、おばあさんだったら、それはいいじゃないっていうわけですよね。ところが親って立場ってのはね、一〇〇パーセントほめられないんだ。

宮崎　そうですね、それわかりますね。

糸井　ネコはどうしたろうねという話にしないで、とりあえず、あとで泣くんだから遅刻はやめたほうがいいとまずはいうわけで、でも、そのネコも……ってなるわけ。両方やんなきゃいけないわけ。そういうぼくの辛い両方の気持ちを子どもとしてもわかってくれてやっと解決したけど、もし、どっちかにちょっとでも針がふれたら、親として、自分としてのアイデンティティが失われるわけ。あのとき、ああ親は不便だと思った。

宮崎　親っていうのは敵なんです、どっかで。そうじゃなくておじいさんやおばあさんは味方なんです。物語ってそうやってできてますね。

糸井　絵本やなんかではお話だからいくらでもできるわけ。でも、そのいくらでもをあんまり利用しちゃいけないと思ってるの、ぼくは。現実に父親をしている自分ていうのも、せめぎあいをしながらやってるわけだし。そうパターン化したものでもない。

宮崎　ええ。

糸井　せめぎあいのノリっていうのがあるわけで、そのノリを絵本だからっていってあんまり自由に越えたり、パターンにはめちゃうのはつまんない。すごいと思うのは『くまのプーさん』を書いたA・A・ミルンみたいな人ですよね。そこらへんがものすごく的確なんですよね。

宮崎　そうですね。

糸井　「おまえ」のかわいがってたヌイグルミと「おまえ」がいるわけ。とんでもないことをするのはクマなの。「おまえ」ってやつはちょっとだらしのない「おまえ」なの。「おまえ」ってのは、お話に出てくるクリストファー・ロビンのことだけど、彼は、単にいろんな冒険をプーたちに引っぱられてやるわけ。おじいさんの立場で書けば「おまえ」を大活躍させたいわけじゃない。でも、ミルンはそうはしていない。そこがすごい。そんなところをただ、孫を活躍させたいおじいさんの心になっちゃってやるのはむしろ、子どもを知らない人じゃないかな、ってぼくは思う。

宮崎　モデルになった当のクリストファー・ロビンはたいへんだったらしいですね。あのお話がすごく有名になっちゃったから、その後ずーっと、あなたがクリストファー・ロビンのなれのはてですか、っていわれるのが辛かったらしい。

糸井　やっぱり、孫っていうのはとんでもないおもしろいものですよね。

宮崎　かわいがっちゃつまんないです。

糸井　と思ってるんだけど、現実には、おじいさんになったとき、そういう計画が全部水の泡になっちゃうくらいかわいがっちゃうかもしれませんね。そんな心配がありますね。

宮崎　そういう心配はものすごくありますが。ぼくの計画はけれん味がありすぎて、本当はそうじゃなくて自分のあるがままにあって影響を与えるクソジジイのほうがいいんだけどね。あまりにも存在が希薄だから、やっぱりテラノドンとかいろんなものがあったほうがいい（笑）。

「自由」って言葉をやたらに使うやつほどインチキなんだ

糸井　宮崎さんはアニメがあるから得ですよね、おじいさんとしては。
宮崎　それとはちょっと違いますね。アニメーションはどんどん変わっていくしね、風俗文化の流れって変わっていくから。
糸井　そうかなあ……。
宮崎　そういうもんだと思います。そういうことは全然期待してないです。あんまり子どもにベタベタしちゃいけないんですよ、さっき言ったクソジジイっていうのは。おれはおれでやってる、おまえはおまえでやってろ。だから、これはさわるな。さわっていいこって言っちゃいけないんです、さわったら壊れるから。さわっちゃいけない物をさわって壊してしまったという経験をさせる、とんでもないことになるって、ちゃんと怒ってやらなきゃいけない。
糸井　芝居がかってますなあ（笑）。

今日、宮崎さんとぼくってなんか共通点があるなって思ったのは、とびすぎみたいなのを認めない立場ですね。「自由」って言葉をやたらというやつほど、インチキなんだよね。

宮崎　あんまりね、感受性感受性って言っちゃいけないんですよ。子どものためにならないですよ、それはたぶん。風圧を与えあって自然に自分の影を押しつけちゃうんですよ。

糸井　より感じたら高価だっていうような信仰があるのよ、やっぱり。気をつかう人のほうがいいとかさ……。おんなじ雷でも、キャーッて言った人のほうが黙って雷聞いてる人より偉そうじゃない、いまって。結核病みが偉いみたいなさ。あれをね、壊したい、わたしは（笑）。映画でも、泣いたか泣かないかっていうと、泣いた人のほうがよく感じたみたいなのってあるでしょ。

宮崎　評論家が泣いたって書くのは最低ですね。自分のほうが感じやすいから、わたしは感じる能力をまだ持ってるんだってことを書いたことなんです。泣くってのは、運動ですからね。

糸井　事実ですよ。単なる。

宮崎　なんかものすごく感動して映画が終わったとたんにワーッと拍手しているやつがいるでしょ、やめてくれって思うときがありますよ。

糸井　宮崎さん、ものすごい保守ジジイですね（笑）。ふたりとも、さっきからずっと。

宮崎　最近よく話してるんだけど、つまらない感受性や自我のために映画作るなって言いたい。

糸井　いやーそれはきっと自分の中にもそういう部分があってさ、それ、踏みつぶしながらきたんですよね。

宮崎　そうですね。

糸井　そうなんだよ。結局、ドクダミの花も野の花も自分がやってるんだよ、いろんなとこで。

読者をちゃんとやれる人って、いま少ないんですよ

宮崎　不幸なことなのかもしれないけれど、自分がもし涙流したら、いったいこの涙なんだろうと思ってね、立ち止まるのがほんとはこういう社会で生きている若者のやることなんですよ。わたし泣きました、っていうのだけでは、ちょっとね。

糸井　ま、それも趣味ですからね。

宮崎　だから自分の映画観に行くのが辛いんですよ。お客さんと一緒に観るのはね。

糸井　泣くだの、笑うだのは単なる自己主張なんですよ。映画作ってる人にとっては、それを楯《たて》にとって映画評をされたのではたまらない。単に映画館の客っていうんじゃな

くて。もっと、なんでだろうと考えて、読者をちゃんとやれる人って、いま少ないんですよ。

宮崎 アニメーションっていうのは、どんなにくだらなくてもファンは必ず生まれるのね。特に思春期の人間は、ほんのわずかそのときの自分の気持ちと合うと、もう全部許してくれる。それで手紙をくれたりするでしょ。だから、現場のほうが、正確に自分たちのやってることを見る能力を失ってるのね。それで、評論活動をちゃんとやらなきゃいけないんじゃないかって話になるわけ。

糸井 それは、いろんな世界に共通に言えることですよね、たとえば、絵本の世界の評論にも、まったく同じ言葉があてはまるんじゃないかな。

宮崎 ええ、まさにそうなんじゃないかと思いますよ。

いとい・しげさと◉一九四八年群馬県生まれ。六七年四月に法政大学文学部に入学するが、翌年中退。広告プロダクションに入社する。七五年にTCC（東京コピーライターズクラブ）新人賞を受賞し、独立。七九年には東京糸井重里事務所を設立し、フリーのコピーライターとして活躍。いくつもの名コピーを生み出し、TCCのクラブ賞、特別賞、部門賞を何度も受賞するほか、本の執筆やテレビや映画にも出演し、活動の場を広げる。八九年には任天堂より、ファミコンソフト『MOTHER』を、九四年にはスーパーファミコンソフト『MOTHER2』を発表した。『火垂るの墓』『となりのトトロ』以降、「カッコイイとは、こういうことさ。」（『紅の豚』）、「生きろ。」（『もののけ姫』）など、スタジオジブリ作品のコピーを十数年担当した。

特別収録3

「マックロクロスケ出ておいで!」の家

宮崎吾朗

二〇〇五年、愛知万博パビリオン「サツキとメイの家」が建てられた。計画から竣工までおよそ一年半をかけ、映画に映っていない細部までを建築図面に起こし、土台や木材、瓦、風呂釜、建具に使われる紙、釜や箒一本にいたるすべてに、ジブリ美術館スタッフ、設計士、大工や職人といった多くの専門家の智恵と技術を結集し、映画の世界を現出させた。「サツキとメイの家」の制作を行った宮崎吾朗(当時のジブリ美術館の館長)の文章と共にその家の写真を特別に収録する。

写真:中島古英

「サツキとメイの家」外観。万博後、愛・地球博記念公園となった同地に現在も建っている

アニメーション映画『となりのトトロ』は、お父さんに連れられてサツキとメイの姉妹が郊外に引っ越しをする場面から始まります。二人が引っ越した家は、和風の建物に洋館がくっついたちょっぴり古い家でした。その家で暮らし始めてから、サツキとメイは不思議な生き物たちに出会うのです。

誰もが知っている『となりのトトロ』に登場するこの家を、二〇〇五年に開催される愛知万博の会場に建てることを任された時に、私が真っ先に考えたことは、「本物をつくろう」ということでした。

映画の中で描かれているのは、サツキとメイが不思議な生き物たちと出会うことだけではありません。引っ越した後の掃除から始まって、かまどでご飯をつくったり、薪でお風呂を沸かしたり、井戸水で洗濯をしたりといった昭和三十年代の暮らしぶりが活き活きと描かれていて、そうした暮らしの様子一つひとつがとても印象的です。サツキとメイが新しい家と出会い、そこで暮らすことそれ自体が実は映画のもっとも大きな事件だと言えるでしょう。

ですから、この家を実写映画のセットのように建てることはたやすいことでしたが、形だけが同じというものでは十分ではないと思いました。実物をつくるのならば、サツキやメイが感じたような手触り、香りや音といった気配が備わっている家にしたい。そのためには材料もつくり方もすべて当時のやり方で、そしてその頃のように本当に人が

◀写真：書斎（上）、和室（下）

暮らせる家にすべきだと考えたのです。

考えてみれば、薪を焚くかまどやお風呂は当然ですが、隣のおばあちゃんが様子を見にきてくれる縁側も、開け閉めする時にガラガラという音のする引き戸や雨戸も今では珍しいものになりました。マックロクロスケが棲み着くことができる暗がりを今の家に見つけることも至難です。五十年ばかりの間に私たちの暮らしぶりはずいぶん変わってしまっているのです。

多くの人たちの協力によって「サツキとメイの家」を建てていく過程は、私にとって暮らしの歴史をあらためて発見し、過去と現在の変わりようを再認識する過程でもありました。

夕暮れ時、完成した「サツキとメイの家」の茶の間に座っていると、映画の中にいるようでもあり、今はなくなってしまった祖父母の家にいるようにも錯覚します。懐かしさと新鮮さが同居する不思議な気分で、もしかするとマックロクロスケが暗がりからこちらを見ているのではないかと空想してみたりするのです。

みやざき・ごろう◉一九六七年東京都生まれ。信州大学農学部森林工学科卒業。三鷹の森ジブリ美術館の総合デザインを手がけ、二〇〇五年まで同美術館の館長を務める。『ゲド戦記』でアニメーションを初監督後、二〇一一年『コクリコ坂から』も監督。

◀写真：炊事場(上)、風呂場(左下)、茶の間から見た炊事場(右下)

宣材コレクション

作品の認知度を高めると共に、
作品のイメージ作りに欠かせない宣伝素材。
同時上映の『火垂るの墓』と併せて制作された
ポスターやチラシなどの一部を紹介する。

忘れものを、届けにきました。
となりのトトロ
このへんないきものは、まだ日本にいるのです。たぶん。
稲荷前
原作・脚本・監督●宮崎 駿

第１弾Ｂ全ポスター。
女の子はサツキとメイを重ね合わせたキャラクター

様々な名場面をコラージュした第２弾ポスター

忘れものを、届けにきました。
このへんないきものは、まだ日本にいるのです。たぶん。
となりのトトロ
原作・脚本・監督●宮崎 駿

チラシは同時上映の『火垂るの墓』と並べて、「忘れものを、届けにきました。」という２作品共通のコピーがセンターを飾っている。

となりのトトロ
原作・脚本・監督■宮崎 駿
製作■徳間康快 徳間書店作品
このへんないきものは、まだ日本にいるのです。たぶん。
忘れものを、届けにきました。
火垂るの墓
ほたるのはか
脚本・監督■高畑 勲
原作■野坂昭如(新潮文庫)
製作■佐藤亮一 新潮社作品
4歳と14歳で、生きようと思った。
4月16日(土)より全国東宝系公開!

劇場配布チラシ

トトロの形に型どりした変形チラシ。裏面では作品解説やキャラクターを紹介している。

トトロ型チラシ

しおり型特別優待割引券

プレス用パンフレット

宮崎監督の描き下ろしイラストを用いた前売券用特典ポスター

映画公開当時の新聞記事を再録！

『トトロ』が公開されると、アニメーションの枠を超え、一般的な注目を集めるようになる。『トトロ』がキネマ旬報で邦画第一位を獲得するに及び、評価は決定的なものとなった。

宮崎監督の自信作

本当の豊かさ伝えたかった

上映中のアニメ『となりのトトロ』

子どもと自然のふれあい描く

『風の谷のナウシカ』『天空の城ラピュタ』などの傑作アニメーションを手掛けてきた宮崎駿監督が、またまた実に豊かな作品を世に送り出した。自然の中での子どもたちとオバケの交流を描いた東宝『となりのトトロ』＝秋田市の東宝スカラ座ほかで公開中＝。子どもも大人も、見終わった後に、温かい心で映画館を去るに違いない。

前二作は国籍不明の架空の国を舞台に、大きな物語世界――が広がった。が、この作品は、三十年ほど前の日本が舞台。――日常の中で、ふっと感じる子どもと外界との心の通い合い、幻想を描いたもの。これまでのアニメとかなり味わいが異なる。

実は『となりのトトロ』が一番長い間、宮崎監督の心を占めていた作品だった。

「十年前からなんです。でも、こういう地味な企画はなかなか通らなくて…。ナウシカとラピュタのヒットのおかげです」。無国籍アニメが続き、「日本に借金がたまっていく気がして、何としても作りたかった」と言う。

うっそうと茂る森、田んぼに小川、ひと昔前ならどこにでもあった郊外の風景の中に、古ぼけた一軒家がある。ここへ小学六年生と四歳の姉妹が、お父さんと引っ越してきた。入院中の母が退院してから迎えるための家だった。自然に囲まれた環境で、姉妹の出会いのドラマが生まれる。木と草、生物、そしてトトロやネコバスといったオバケとの。生命の豊かさに満ちた、アニミズムの世界と言っていい。宮沢賢治と通じる世界でもある。

「ノスタルジアではないんです。緑の中で暮らし、生物と出合う素晴らしさを描くことは、今の子どもたちへの大切なプレゼント。本当の豊かさは何かを伝えたい」その豊かさを出すために、細密で手の込んだ絵を作っている。例えば庭の雑草。色とりどりの草々が丹念に描かれ、画面から草いきれが立ち上ってくるようだ。トトロはアイドルになるようなキャラクターではない。が、この映画を見た子どもたちの心の隅に、いつまでも住みついてしまいそうだ。

併映は、高畑勲監督の『火垂るの墓』(野坂昭如原作)。

一九八八年四月二十日付
秋田魁新報（共同通信配信）

「忘れ物」届けてくれたアニメ

東宝配給のアニメ『となりのトトロ』と『火垂るの墓』が評判になっている。四月十六日の公開以来、すでに全国で六十二万人を超える観客を集めており、ゴールデンウイークの邦画三社の作品の中では、群を抜く動員だ。

『トトロ』は、『風の谷のナウシカ』や『天空の城ラピュタ』で知られるアニメ界の巨匠、宮崎駿監督の作品。昭和三十年ごろの日本の農村が舞台で、都会から引っ越してきた幼い姉妹が主人公。ひょんなことから「森の精」のようなオバケのトトロと友達になって、新生活が始まる。

たわいもないストーリーだが、三歳児から老人まで楽しめる。ほのぼのとした、不思議な魅力があるのだ。

宮崎監督は、日本がもっと貧乏だったころの話を描きたい、と十年以上前から構想を練っていたそうである。しかも、ただ昔を懐かしむだけでなく、「こうもありえた」という日本の姿を映し出したかったという。

自転車の「三角乗り」というのが出てくる。少年が大人用の自転車に乗ろうとしても、足が届かない。苦心の策として身をよじり、斜めになってペダルを踏む。そんな今では忘れ去られたシーンに思わず吸い寄せられ、この監督の芸の細かさを知った。（以下略）

一九八八年五月十二日付朝日新聞

Part4

作品の背景を読み解く

『トトロ』にあって『パンダコパンダ』にないものとは何だろう――。

「森のヌシ神」としてのトトロ像から昭和三十年代の日本の食文化、和洋併置式の「サツキとメイの家」のつくりまで、作品に通底する文化的背景に光をあてる。

鈴木さん・宮崎さん そして トトロと 私

中川李枝子

徳間書店の『アニメージュ』編集部の鈴木敏夫と名乗る方から会いたいと言われた時はあまりにも突然で、私は大いに戸惑った。マンガやアニメーションとは縁もゆかりもなかったので。

そもそも私は一九三五年生まれ、「ほしがりません 勝つまでは」「ぜいたくは敵」のポスターに見張られた子どもの頃、本だけがたのしみだった。それは今も変らず本さえあれば満足で、限りある人生、よそ見する暇はない。エネルギーの無駄遣いも控えたい。特に目は大切。年を取るにつれて視力は衰えるばかりでチカチカピカピカは極力避ける。耳も同じ、アンプを使う大音響に全神経に支障をきたすのじゃないかとエレキ・ギターにはぞっとする。こんな時代遅れの昔人間に会ってどうするつもりなのかと、用心し訝りながらの初対面だった。

約束したのは私の家のそば、小さなビルの半地下にある目立たない閑散とした喫茶店で、それからずっと、トトロ挿入歌の打ち合わせ場所になった。偶然にも作曲家の久石譲さんは同じ町内にお住まいである。

偶然といえばもう一つ。

私の家の前は創立一〇〇年を越す都立園芸高校で、銀杏の大木が並ぶ美しい正門の脇に高さ八十センチ程の「史跡　兎々呂城」と彫った石碑が立つ。宮崎駿さんは全然ご存知なかった！

数年前、住宅地の四つ角で車の衝突事故が相次ぎ、某テレビ局が兎々呂城の落ち武者の亡霊の仕業であると噂を流したけれど、誰もとりあわなかった。

しかしトトロはいるかもしれない。園芸高校には手入れの行き届いた枝ぶりゆたかな樹木が多い。

私にとってトトロはまさに「となりのトトロ」なのだ。この地で平穏無事に暮らしているのはトトロのお蔭と思っている。

さて当日、五分刈り坊主頭にポロシャツとジーパン、裸足に下駄、胸ポケットにさしたボールペンだけが編集者っぽい、のほほんとした若者が現れた。近所に体育大学があるので、ここいらでは見慣れたタイプである。下駄をぬいでエッサーホイサーと走り出しても驚く人はいないだろう。とはいえ裸足は珍しい。水虫で悩んでいるのかしらと同情すると、気持ちがよくて――と頭をかいた。

この鈴木さん、正直で卒直で話が面白く、肝腎な所にくると、なかなかどうして抜かりがなかった。殊に、宮崎駿と高畑勲、お二人への尊敬の念は半端でない。また堀田善衛と加藤周一に心酔する文学青年でもあった。

何はともあれ鈴木敏夫さんは仕事好きで真剣な熱血漢なのだ。加えて慶應ボーイのスマートさと福澤諭吉の『学問のすゝめ』がしっかり身についていると私が感心していたら「ジブリへどうぞ」ということになった。


吉祥寺のスタジオジブリでは張り巡らされた『となりのトトロ』のコンテと、宮崎さんの笑顔と数人のスタッフがお待ちかねだった。

一歩入ってすぐ、誰もが宮崎さんを心から敬愛しているのがわかった。骨身を惜しまないで嬉々として仕事に打ち込んでいる人たちの爽やかな気持ちよさに私の緊張はすっかりほぐれた。みんないい人ばっかり！

宮崎さんの机にハンカチで包んだお弁当箱が乗っているのも気取っていなくて嬉しかった。

あれから二十数年、小金井の立派なスタジオに移っても、ジブリ美術館に入っても、3びきのくまの保育園を覗いても　ジブリの雰囲気は私が受けた第一印象のままで少しも変らない。宮崎さんと鈴木「プロデューサー」のお人柄もスタッフの仕事ぶりも。みんな本当にいい人ばっかり！

ジブリ作品を上演する映画館が満員になるのは、このジブリの空気のせいと思う。たのしい、安心感が大人も子どもも引きつけて、その上プラス・アルファがある。懐かしい大切な「忘れ物」を気付かせてくれるのだ。

宮崎さんは十年かけて構想を練った『となりのトトロ』に子どもの歌を入れたいと考えていらした。映画を離れても歌われる歌を作って日本中の子どもに歌わせよう。作詞は中川李枝子、作曲は久石譲。

宮崎さんは歌にも厳しい一家言もつ。面白おかしく調子よく画面に合わせて歌うＮＨＫの「みんなのうた」には不満だった。私も同感！　かつてＮＨＫは毎朝八時に幼児向け「うたのえほん」で数々の名曲を子どもたちに広めてくれた。絶好の時間帯で、前奏を聞けば、皆上手に歌った。が朝の連続ドラマに「うたのえほん」は追いやられ、以来子どもの歌の名曲はひっそりしている。

私は十六年間幼い子たちと保育園で遊び暮らした。園の生活は歌で始まり歌で終る。朝昼夜、春夏秋冬、歩く、走る、休む、食べる、泣く、笑う。その日その時、子どもにはぴったりの歌があって感性を育んだ。

歌を作ろうと張り切った私は『となりのトトロ』にすっぽりはまりこんだ。サツキとメイが子どもの頃の自分と妹に重なった。サツキが健気すぎてかわいそうと宮崎さんに言ったら、お父さんも家事に協力的になった。

打ち合わせを何度も重ねてイメージ・ソングが一つ一つ出来ていった。私の書いた詞は久石さんに命を吹きこまれた。

子どもは外が好き、散歩が大好き、歩こう歩こう、足どり軽く、心が弾む、からだも弾む――「さんぽ」がオープニングに選ばれた。『となりのトトロ』は完成した。

後日、鈴木さんから「今トトロ上映中の映画館では、日本全国どこへ行ってもフィルムが回り出すと同時に客席が歩こう歩こうの大合唱になるそうですよ。子どもたちがいっせいに歌うんですって。こんなこと映画史上初めてです」と聞いて本当に嬉しかった。

なかがわ・りえこ◉一九三五年北海道生まれ。『いやいやえん』で厚生大臣賞・産経児童出版文化賞・野間児童文芸推奨作品賞を受賞。『子犬のロクがやってきた』で毎日出版文化賞、ほか多くの賞を受賞。実妹の画家・山脇百合子とコンビで数多くの作品を発表。代表作に『ぐりとぐら』『そらいろのたね』『ももいろのきりん』などがある。

さんぽ

歌／井上あずみ
作詞／中川李枝子
作曲・編曲／久石　譲

※
あるこう　あるこう　わたしはげんき
あるくの　だいすき　どんどんいこう

さかみち　トンネル　くさっぱら
いっぽんばしに　でこぼこじゃりみち
くものすくぐって　くだりみち

3. あるこう　あるこう　わたしはげんき
あるくの　だいすき　どんどんいこう
きつねも　たぬきも　出ておいで
たんけんしよう　はやしのおくまで
ともだちたくさん　うれしいな

※くりかえし

みつばち　ぶんぶん　はなばたけ
ひなたにとかげ　へびはひるね
ばったがとんで　まがりみち

※くりかえし

きつねも　たぬきも　でておいで
たんけんしよう　はやしのおくまで
ともだちたくさん　うれしいな
ともだちたくさん　うれしいな

C G7 C Am Dm7 G7
1. あ そ こう ある こう わたしはげんき
2. あ そ こう ある こう わたしはげんき
F Em7 Dm7 G7 C
あるくの だいすき どんどんいこう
あるくの だいすき どんどんいこう
Fm C Fm6 C
さかみち トンネル くさっぱら
みつばち ぶんぶん はなばたけ
Am Em F D7 G7
いっぽんばしに でこぼこじゃりみち
ひなたにとかげ へびはひーるーね
C Em7 F G7 C
くもの巣くぐって くだりみち
ばったがとんーで まがりみち

涅《ね》槃《はん》西《に》風《し》

川上弘美

宮崎駿のかかわっている作品の中で、いちばん繰り返し見たのは、『千と千尋』でもなく、『ナウシカ』でもなく、『もののけ姫』でもなく、実は本書の『トトロ』でもない。それは、『パンダコパンダ』である。

次男が幼児だったころの「黙らせビデオ」のナンバーワンが、『パンダコパンダ』だったのだ。泣いている時も、ぐずぐず文句を言っている時も、興奮しすぎた時も、パパンダの出てくるビデオを見せれば次男はすぐさま画面にかじりつき、くいいるように見つめ、まるで子守歌を聞くように安穏な表情になるのだった。

たぶん百回以上、『パンダコパンダ』は我が家で視聴された。最初の何回かは、物語やパパンダ、パンちゃんミミちゃんたちのアクション自体をういういしく見つめていた次男だったが、やがて、どの瞬間にどんな台詞が話され、どの場面が展開するか、すべて記憶してしまい、まるで自分が作りあげた作品を繰り返し確かめるように「とくに、たけやぶがいい」のせりふを同時に上からかぶせ、ミミちゃんやパンちゃんたちの動きをじいっとなぞるのだった。

『パンダコパンダ』が、次男のライナスの毛布でありつづけたのは、いつまでだったのか。見すぎて、ちょうど書きすぎた漢字がばらばらに見えて意味をなさなくなるように、中身を楽しむ、というものではなくなってしまって、けれど毛布を手放せないのと同じく、『パンダコパンダ』が、いざという時の気持ちのよりどころでありつづけたのは。

あれから二十年近くがたってしまった今となっては、はっきりとは思い出せないのだけれど、もしかしたら、と思うことがある。

たしかあれは、次男が「死」を怖がりはじめる少し前まではなかったか。

死というものを、小学校に入学するかしないかの子供が正確に理解していたかどうかは、むろんわからない。身内の葬式は何回かあったけれど、果たしてそのことが次男に死というものを意識しはじめさせたのかどうかも、わからない。

ただ、ある日次男に、こんなことを言いはじめたのだ。

ねえ、かあたん。ぼく今におじいたんになるの？　おじいたんになって、死《ち》ぬの？

うん、たぶんね。わたしが答えると、次男は顔をしかめて長い間考えたのち、じゃあぼく、おじいたんにならない。かわりに、ロボットになる。
と、言ったのだった。

ロボットになる、という考えは、しばらくの間、次男を安心させた。次男にとっては、「今ここ」が何よりも安逸なのだった。自分が「おじいたん」になるのがいやなだけでなく、母親や父親や兄が「おばあたん」「おじいたん」になって「死《ち》ぬ」のもいやだし、友だちがどこかに引っ越してしまうのもいやだし、きれいに咲いている花が散るのもいやだし(花が散ることを、次男は「こわれる」と言っておそれた)、ともかく現状維持が大事なのだった。

けれど、それが不可能であることを、次男はすでに理解していた。花は散るし、友だちはいつの間にか転園するものだし、だいいち自分だってどんどん大きくなって、春には小学校に入学するのだ。

どうちよう。ぼくも、みんなも、死《ち》んじゃうよ。

どうにかして、どうにかして、ものごとの変化と死を避けられないものだろうか。という思いから次男が思いついたのが、全員がロボットになる、という方法だったわけだ。

でもその方法は、こわいよ。永遠ほど怖いものはないとかあさんは思うよ。

とは、言えなかった。

幼児にそれを説明するのは難しすぎたし、永遠に続くものを怖いと思うのはわたしの主観にすぎないし（永遠に生きたい、という人はけっこう多いみたいだから、たぶんそういう人たちは永遠を恐ろしく感じていないにちがいない）、だいいちそんなことを得々と言いつのって、せっかく心の安定を得たばかりの子供をわーわー泣きださせるのはかわいそうな気がしたからだ。

どうやったら死を、人生が変化してとどまらないことを、受け入れることができるのかについての見解はうやむやのままに、時間は過ぎていった。ときおり次男は思い出したように「死《ち》ぬの？」と聞きはしたけれど、それ以上のことは口にしなかった。次男もわたしも、注意深くその話題には深入りしないようにしていたのである。

そうだ。次男が『となりのトトロ』のビデオを熱心に見るようになったのは、たしかにそのころからだった。『パンダコパンダ』から、『となりのトトロ』への移行。トトロとパパンダのキャラクターは大いに通じあうものがあるし、エンディングの画面も雰囲気が似ているしで、子供が成長にしたがってのりうつってゆくのには恰好の二作なのだから、そこにあえて、深い意味を見出す必要もないのだろうけれど。たぶん。

話は突然変わるが、ついこの前、病気で人が亡くなる、という場面を小説の中に書こうとした。

その人が亡くなるのは、昭和61年で、病院ではなく家で臨終をむかえるのである。あれ、そういえば、とわたしは思った。家で死ぬという設定、オーケーかな。最近(平成25年現在)、家で亡くなる、在宅で死をむかえるという可能性を、ふたたび検討してみてはどうか、ということを言うお医者さんや市井の人たちがほんの少しあらわれている。あえて在宅死を言挙げすることからわかるように、ある時から日本では、病気が重篤になったなら医療機関に入院し、そこで死をむかえることは、ごく当然のこととなっている。

昭和61年は27年前だ。当時、人はどのぐらい家で亡くなっていたのだろう。

厚生労働省の統計によると、昭和26年には、医療機関で亡くなった人の割合は約10パーセントで、自宅で亡くなった人は約85パーセント。医療機関と自宅で亡くなる人の割合が半々になるのが、昭和51年。現在は、在宅死と医療機関での死の割合が、ちょうど統計の始まった昭和26年と正反対になっている。すなわち、家で亡くなる人は約10パーセント、そして医療機関で亡くなる人が約85パーセント。わたしが小説に書こうとしていた昭和61年は、在宅死が約25パーセントである。

『となりのトトロ』の映画が制作されていたのは、ちょうどそのころだ。家で亡くなる人たちの割合は、きれいな下降線をたどり続けており、映画の公開時の昭和63年にはすでに20パーセントに近づいている。

死は、どんどん家から離れてゆきつつあった。

人は、おおむね、突然には死なない。たとえば病を得、病が進み、弱り、やがて息をひきとる。またたとえば、自然に体が衰え、弱り、やがて息をひきとる。それらの過程と、その結果の死は、ほとんどが病院の中でのできごととなったのである。


身内を亡くした時のことを、わたしは時々思い返す。病院に入院した身内を、見舞う。近しい身内ならば、毎日病院に行く。少し遠い者ならば、何回か、行く。危篤になれば、病院に詰める。その人が弱っていく時に感じる理不尽さ、悲しさ、やがてくる諦め、けれどやはり諦められずに何回でも訪れる哀しみ、それらの感情の強さは、その人が家にいても病院にいても、たぶん、同じだと思う。家の中に死がなくなったからといって、人がなくなるという衝撃は、決して薄められることはない。

けれど、正直に言おう。それらの感情をわずかの間、わたしは棚上げすることができたのである。

どうやって？

病院から出て、家へ帰ることによって。

もちろん、長い間棚上げできるわけではない。家事のあいまの、一瞬。テレビをつけて見入っている、数分。お隣に回覧板をまわしにいってつい話しこんだ時の五分。仕事にほんとうに集中している十数分。そんなこまぎれのものだ。

棚上げしている間だって、悲しみは絶え間なく心の底にわだかまっている。決して晴れ晴れとはしない。でも、あきらかに、病院と家は、違った。目の前に、その人がいないということ。現《うつ》し身の死がないということ。手でふれられる近さにないということ。

なんだか、家の中にはたくさんの電灯が煌々《こうこう》とともっているような、感じだった。その電灯の明かりは、なかなか影をつくらない。だから、死の影は薄くしかできないし、死というものが自然に呼び寄せるあらゆる恐れも、同様に薄められる、という感じだった。

『トトロ』にあって、『パンダコパンダ』にないもの。それは、闇だ。夜の場面は、両方にある。けれど、夜の質がちがう。『パンダコパンダ』の夜は、家の中から見た夜だ。いっぽうの『トトロ』の夜は、天に星空をいただいた自然の夜だ。外気の中の夜だ。

サツキとメイは、闇の中でトトロや中トト、ちびトトと遊ぶ。真夜中の森。ざわめく木々。月のかかった空。

トトロと飛ぶ夜空も、夜の世界も、ちっともおそろしくない。なぜなら、その異界にはトトロがいるからだ。

守護者トトロ。その守護者がいるかぎり、闇はただのびのびと遊べばいいだけの世界だ。けれど、トトロのいない闇は、どうなのだろう。

眠ってしまったメイをサツキが背中におぶってお父さんの乗るバスを待つ時の、電灯の光の届かない闇のおそろしさ。

お母さんの病状が悪化したかもしれないという電話をサツキがしている時の、カンタの本家の家の中のおぐらさ。

そして、行方不明になったメイを探しても見つからなかった時の、夕暮れにかぶさってくる、夜の先ぶれである夕闇の心細さ。

幼い子供が見てこわがるような闇は、いっけん、『トトロ』の中にはない。けれど注意深く見てみれば、底知れぬ場所につながっていそうな闇が、実は映画の中にはいくつもいくつもいくつもあらわれる。

それらの闇はすべて、死から決して遠くないところにある闇なのである。

家の中には闇がなくなろうとしているように見えるけれど、闇は厳然としてこの世界にはあるものなんですよ。などという口はばったいことを伝えようとして作られたものでは、『トトロ』はもちろんなく、もっともっと重層的な作品だ。楽しくて、どきどきして、なんだか泣きたくなって、同様に笑いたくなって、誰かにいろんなことを喋りたくなって、そのあと一人になりたくなるような、そんな作品だ。

でも、ただの「楽しい」作品だったら、こんなにたくさんの人たちが繰り返し見ることは決してなかったろう。

サツキとメイがネコバスに乗って七国山病院へ着いた時、あたりはすっかり暮れていた。本格的に日が落ちて、夜が、闇が、やってきたのだ。しあわせな行く末を暗示して、映画は終わる。けれどわたしには、この場面の闇が、じつはいちばん身にせまる。

ああ、これがわたしにとっての、現世のリアルな闇なんだな、と。

これからたぶん、お母さんの病気は、よくなるだろう。家族はふたたび四人に戻るだろう。サツキは成長し、メイもみちがえるような大人の女になるだろう。

でも、その「現世」では、今に必ずお母さんも、お父さんも、サツキも、メイも、死ぬのだ。だって、死ぬことが、人の生のなりゆきなのだから。

場面の中に、ネコバスはいる。けれど、守護者トトロはいない。そしてそこにある闇は、それまでのサツキとメイを中心とした荒々しくも生命あふれる闇ではなく、お父さんとお母さんが静かに語らっている側にある「文明的」とでもいうべき雰囲気の闇だ。

映画の中のそれまでの闇は、死にとても近かった。野蛮で原始的で生き生きとした死(言語矛盾だけれど)、自然そのものであるトトロと共にあるむきだしの死に。けれど、七国山病院で、お父さんとお母さんが語らっている窓の外にある闇は、今の都市にある闇と、ずいぶんと近いものであるように、わたしには感じられる。

その闇の中を歩いてゆけば、やがてたくさんの電灯が煌々とともりはじめるだろう。電灯の明かりは、なかなか影をつくらせないだろう。だから、死の影は薄くしかできないし、死というものが自然に呼び寄せるあらゆる恐れも、少ししか呼ばないにちがいない。それでもやはり、その闇も必ずいつか死へとつながってゆくのだ。

原始の闇のおそろしさと、現代都市の中のうす闇のはかなさを、このように常にわたしは『トトロ』によって想起させられる。けれど、ここが不思議なところなのだけれど、『トトロ』は、さあ、あなたはどちらを選びますか、という選択は、決してつきつけてこない。むしろ、

——わたしたちは、今、はかなくて贋くさい場所にいると言われてますけど、それはほんとなんでしょうかね。そんなふうに二分できるものなんでしょうかね。それに、荒々しい闇が来たら来たで、それにあなた、耐えられるんですか？——

そんなふうに誰かに耳もとでささやかれているように、『トトロ』を見るたびにわたしは感じるのである。

この原稿を書く少し前に、息子に聞いてみた。小さいころ、ロボットになりたいって言ってたこと、おぼえてる？　と。

おぼえてるよ。息子は答えた。

で、今もロボットになりたい？

ううん。

じゃ、ロボットになるのはともかくとして、永遠に生きるっていうのは、どう？

うーん、それもパス。でもやっぱり、死ぬのは、すごくいやだなあ。

闇やら死の影の濃淡やらの話は、しなかった。息子は忙しそうに出てゆき、わたしは部屋に残って、死やら何やらについて、もう少しの間考えた。

トトロには、会えなくても、よし。でもネコバスには、一回くらい乗ってみたいものだな。そう結論づけたとたんに、風がびゅうと吹いた。

今年の春は、やたらに強風が吹く。そして、吹いた後に寒さがぶり返す。こういう風を涅槃西風というのだと聞いたことがある。もしかしたら、今しもネコバスが十台くらい、この涅槃西風にのって窓の外を飛んでいったのかもしれない。残念ながら、わたしには、見えなかった。


かわかみ・ひろみ◉一九五八年東京都生まれ。お茶の水女子大学理学部生物学科卒業。九四年『神様』で第一回パスカル短篇文学新人賞を受賞。九六年『蛇を踏む』で第一一五回芥川賞を受賞。著書に『センセイの鞄』『真鶴』『神様２０１１』『七夜物語』『なめらかで熱くて甘苦しくて』など多数。

鎮守の森から見たトトロ論

鎌田東二

『となりのトトロ』を二〇〇回以上見ている。それでもまた新たに見るたびに、すごいなあ、すぐれているなあ、よくできてるなあ、と感心する。ディテールの作り込み方が半端ではないのだ。

とりわけ、村の入り口にあるお稲荷さんやバス停の稲荷前のお稲荷さんの描き分け。同様に、村の辻や通学路や村境に位置するお地蔵さんや六地蔵さんの描写。その使い方と映像的・景観的な取り込み方。まったく驚嘆するほど絶妙のうまさである。日本人の民間信仰の日常と生活文化と生活風景をこれほど違和感なく描き切れる監督が他にいるだろうか。

それでは、タイトルともなっているトトロとはそもそも何モノか？　日本の民間信仰や民俗学や宗教学の観点から見ると、トトロとは紛《まご》う方なく日本の「カミ」である。

もちろん、トトロは楠木《くすのき》の洞《むろ》を棲《す》み処《か》とする森の動物として描かれているのであるが、しかし単なる動物ではない。動物の姿を持って立ち現われる不思議な存在、「カミ」なのである。そのことは、トトロの棲み処に行き着くためには、この世の道とは違う別の小道、すなわちスピリチュアルな小道を辿らなければ行きつけないことからも明白である。「カミ」の世界と交わるためには、この世の道とは異なる別の回路が開かれなければならない。

存在世界には二つの道が隣り合い、重なり合っている。時に、それは交錯し、次元融合する。メイがチビトトを追いかけてその道に足を踏み入れたように。あの世（異界）の道とこの世の道は時折開通し、交互交通することがある。メイとサツキの方からの踏み入りもあるが（それぞれ一回ずつ）、稲荷前バス停に現われてネコバスを待つなどトトロの方からの越境もある。メイはチビトトを追いかけていって楠木の巨木の「孔《あな》」から偶然トトロの世界に入り込んだ。姉のサツキは、行方不明となった妹のメイを助けるために、トトロに会いたいと祈りを凝らした時に道が通じて、意識的にトトロの世界に入り込んだ。メイはシャーマン的な交通によって、サツキはプリースト（司祭）的な交通によって、トトロと交信した。

さて、日本人にとって「カミ」とはいかなる存在であるかを考える際に、本居宣長が『古事記伝』巻三に、「凡《すべ》て迦微《かみ》とは、古《いにし》への御典等に見えたる天地の諸々の神たちを始めて、其を祀《まつ》れる社に坐す御霊《みたま》をも申し、又人はさらにも云はず、鳥獣木草のたぐひ海山など、其余何にまれ、尋常《よのつね》ならずすぐれたる徳のありて畏《かし》こきものを迦微とは云なり。すぐれたるとは、尊きこと善きこと、功《いさを》しきことなどの優れたるのみを云に非ず。悪しきもの奇《あや》しきものなども、よにすぐれて畏《かしこ》きをば、神と云なり」と記していることが参考になる。

宣長は、古典に記された神と表記されるカミ、神社に祀られた諸霊のカミ、鳥獣木草・海山など何事においても優れたところのある畏きもの、それらはみな「カミ」だと述べている。平たく言えば、「カミ」とは「超すごいモノ」であり、日本人が抱いてきたある特定の聖なる感情や情報や力や現象など霊的各ファイルをすべてまとめて取り込む「聖フォルダ」なのだ。

たとえば、イカヅチ（雷神）・カグツチ（火神）・ノヅチ（野神）・ククノチ（木神）・ミズチ（水神）などの「チ」系ファイルのカミガミ、ヤマツミ（山神）・ワダツミ（海神）などの「ミ」系ファイルのカミガミ、ムスヒ（産霊）・ナオヒ（直霊）・マガツヒ（曲津霊）などの「ヒ」系ファイルのカミガミ、アメノミナカヌシ（天之御中主）・オオクニヌシ（大国主）・コトシロヌシ（事代主）・ヒトコトヌシ（一言主）など「ヌシ」系ファイルのカミガミなど、「ヤオヨロズ（八百万）」と言われるほど多くの多様なカミガミを総称・総括する統括ファイルとしてのフォルダが「カミ」なのである。

こうして、自然の森羅万象の動きとはたらきの中に霊性・霊威・神性・神威の生成と顕現《けんげん》を見てとる感知力が、最終的に、「カミ」という包括「フォルダ」の中に折りたたまれ、束ねられていったわけである。

わたしは、そうした日本の「カミ」観が縄文時代の精霊的信仰から現代のトトロ像まで日本列島の宗教文化の基層信仰を成していると考えているが、『となりのトトロ』が縄文的な基層信仰をふんだんにちりばめていることに注意したい。

まず、オープニングのタイトルバック。四歳の少女メイが「道」を元気よく歩いていくと、そこに、トカゲや蛙やカマキリやバッタやムカデや蜘蛛が次々と登場してくるのだが、その大きさがみなメイと同等に描かれている。そこには生命に関するいかなる序列もない。メイは動物たちを支配する特権を持っているわけではないし、人間が生命世界ないし存在世界の中で特別に偉大であるとか偉いということはまったくない。そうではなく、他の動物たちと同じ大いなるいのちの分節・分与として同列・同等である。

サツキとメイの兄妹は、引っ越ししてきた家の庭先で「ドングリ」を見つけるのだが、この「ドングリ」が物語のインデックスともエヴォケーター（喚起源）ともなっている。二人は、「ドングリ」を媒介としてトトロと出会うことになるのだから。

森をいのちの海と捉え大切にしてきた日本文化において、「ドングリ」はまず縄文人の主食として現われてくる。そのドングリのアク抜きをするために縄文土器は作られた。

ドングリを通して、メイは「森のヌシ」と出会ったのだ。
「森のヌシ」とは、先に述べたように、『古事記』や『日本書紀』などにも描かれた天《あめ》之《の》御《み》中主神《なかぬしのかみ》や大国主神《おおくにぬしのかみ》や事代主神《ことしろぬしのかみ》や一言主神《ひとことぬしのかみ》を持ち出すまでもなく、「森のヌシ神」を意味している。その「森のヌシ神」のトトロが、注連縄《しめなわ》の張られた大楠の洞の中に棲んでいる〝ヌシの神〟なのである。沖縄でも、「ニラーハラー（ニライカナイ）」の太陽のヌシの神を「ウプヌシガナシー（大主神《おおぬしのかみ》）」と呼んでいるが、「森のヌシ神」がトトロというわけである。

　動物の姿で顕現するその「森のヌシ神」を『古事記』に当てはめるならば、国《くに》つ神《かみ》の代表神で、蛇の姿で現われる三《み》輪《わ》山《やま》の森の神「大物主神」に該当する。

　縄文考古学者のメイの父（草壁タツオ）はトトロと会ったと言い張るメイに、「メイはきっと、この森の主に会ったんだ。それはとても運がいいことなんだよ。でも、いつも会えるとは限らない。」と諭《さと》す。この場面は、何度見ても感動する。宮崎さん、よくわかってるなあ、と。そして、こんな言葉がけのできる父親を持ったら、子供はぐれることもなく素直に育つだろうなあ、と。こんな男性と結婚した女性は幸せだろうなあ、と。そして、この一家は「塚森《つかもり》」に挨拶に行く。まさに、そこは「鎮守の森」なのだが、そこにはメイがトトロと出会った巨大な楠木がすっくと立っていた。メイは思わず、その樹に駆け寄るが、そこには「孔」はない。それは、この世から見た楠木の風景だからである。

トトロの側から見たら、巨木の根元には出入り口となる「孔」がある。だが、その「孔」の代わりに、この世には小さな祠（神社）がある。神主さんも住んでいないその神社は、村の人が守っている小さな「鎮守の森」である。

姉のサツキは、自分もトトロと会いたいと言う。すると、草壁パパは、「そうだなぁ。運がよければね。立派な木だなあ。きっと、ずーっとずーっと昔から、ここに立っていたんだね。昔々は、木と人は仲よしだったんだよ。お父さんは、この木を見て、あの家《うち》がとっても気に入ったんだ。お母さんも、きっと好きになると思ってね。」と子供たちに言い、「さっ、お礼を言って戻ろう。」と二人を促し、「気をつけ。メイがお世話になりました。これからもよろしくお願いいたします。」とペコリとおじぎをする。

この場面は、宮沢賢治の『注文の多い料理店』の中の童話「狼森《おいのもり》と笊森《ざるもり》、盗森《ぬすともり》」を想起させる。森の近くに引っ越してきた農民たちが森の「ヌシ」たちにお供えを捧げて挨拶するのだが、まさにこの草壁一家の行動パターンと同じ心意と行動様式であった。そしてそれは、今なお引っ越しや新築に際し地鎮祭を行なう心意ともつながっている。

ところで、トトロが神性を持っていることを表わす別の場面があるので、そのことに触れておこう。サツキとメイが稲荷前バス停でトトロと出会った後、父親にその出会いを報告する際、二人は、「コワーイ。ステキーッ。コワーイ。」と繰り返す。怖いけれども、魅惑的でとても惹き付けられるという、相反する感情を生起させるものこそ「カミ」などの「聖なるもの Das Heilige」であるのだが、ドイツの宗教学者ルドルフ・オットーは『聖なるもの』（岩波文庫）の中で、その聖なるものの体験を「ヌミノーゼ」と呼んでいる。畏怖《いふ》（コワーイ）と魅惑（ステキーッ）という両極感情を生起させる存在が「森のヌシ神」のトトロなのである。

もう一つ、満月の夜の夢の中にトトロが現われて、庭に播《ま》いたドングリの実を祈りあるいは念力でぐんぐん芽を出させ、成長させる場面が描かれるが、明け方、二人が目を覚まして、庭を確認すると、夢で見たのと同じ大きさではなかったものの、そこには確かに木の芽が出てきていた。二人は小躍りしながらその周りを廻り、合掌《がっしょう》しておじぎをしながら、「夢だけど夢じゃなかった。」と叫ぶのであった。

この夢と現実との入れ子構造。夢は現実と成り、同時に、現実から夢が生まれるという、夢と現実との相互交通。その神秘・不思議・奇跡・ミラクル。それこそが、シャーマニスティックな霊的交通といえるものである。宮崎駿監督は、そのような森のヌシとの交信の世界を実に巧みにかつ宗教色を感じさせずに描き切っている。見事、である。

さて、「鎮守の森」と楠木をテーマにするとなると、ここで南方熊楠《みなかたくまぐす》を登場させずにいられない。なぜなら、草壁パパのモデルの一人は南方熊楠だったともいえるからだ。

そして、トトロが棲んでいた楠木のある「鎮守の森」のもっとも古い形は、「大物主神」

という「ヌシ神」の住む「三輪《みわ》（御諸）の神杉」を持つ大神《おおみわ》神社のある三輪山だからだ。

この、鎮守の森↓トトロ↓大物主神↓三輪山とリンクする生態学的サークル（美輪）を護《まも》ろうと神社合祀反対運動をラディカルに展開したのが、「熊」という動物と「楠」という植物の名前を持つ、まさにトトロ的円環の守護者と言える南方熊楠であるからだ。

熊野の入り口に当たる海南市の藤代王子社の境内社・楠神社の宮司に名前を付けられた南方熊楠は、今からちょうど一世紀前の一九一〇年ごろ、生態学と民俗学の研究に基づきつつ神社合祀反対運動を展開した。明治政府は、神社を行政単位である一町村に一社に統合整理しようとした。そうすると、古くからある「鎮守の森」のような里山や小さな森の社《やしろ》や祠《ほこら》はすべてなくなってしまう。これは、トトロを森から追い出してしまう仕業《しわざ》だ。

森の守護者である熊楠によると、神社合祀は、①敬神薄くし、②民の和融を妨げ、③地方を衰微させ、④国民の慰安を奪い、人情を薄くし、風俗を害し、⑤愛国心を損ない、⑥土地の治安と利益に大害があり、⑦史蹟と古伝を滅却し、⑧天然風景と天然記念物を亡滅する。つまり、日本人がこの日本列島の風土の中から感受・感得してきた「カミ」に対する感覚をないがしろにしてしまう浅薄皮相きわまる無謀なる政策であるということになる。

こうして熊楠は、激烈な神社合祀反対運動を展開するのであるが、その論理はまことに体系的かつ網羅的で、「神社合祀」という上から目線の官僚（お上）的な行政がゴリ押しする強制的暴力的政策の問題点と欠陥を鋭く深く突いていて、その論理は未来的意味を持っている。

この点で、南方熊楠と宮沢賢治は日本近代における「生態智《せいたいち》」思想探究の先駆者である。熊楠は、「わが国の神社、神林、池泉は、人民の心を清澄《せいちょう》にし、国恩のありがたきと、日本人は終始日本人として楽しんで世界に立つべき由来あるを、いかなる無学無筆の輩にまでも円悟徹底せしむる結構至極の秘密儀軌《ぎき》たるにあらずや」と述べ、また「神社の人民に及ぼす感化力は、これを述べんとするに言語杜絶す。いわゆる『何事のおはしますかを知らねども有難さにぞ涙こぼるる』ものなり」、「野外博物館とは実は本邦の神林神池の二の舞ならん」とも述べている。つまるところ、神社の森、すなわち「鎮守の森」は、日本の誰の心にも清らかな感覚と日本の風土の良さを感得させ、誇りを持たせる魔法の力を持っていると主張したのだ。そしてそれは、日本人の「カミ」感覚の基盤をなし、現代の「野外博物館」の先駆モデルであると喝破したのである。

しかもこのとき、熊楠は、いち早く、「エコロギー」という言葉を使って、生命の宝庫としての神社の森（鎮守の森）を護り、社会運動を生態学的な生命研究と接合している。

「殖産用に栽培せる森林と異《かわ》り、千百年来斧斤《ふきん》を入れざりし神林は、諸草木相互の関係はなはだ密接錯雑致《みつせつさくざつ》し、近ごろは『エコロギー』と申し、この相互の関係を研究する特種専門の学問さえ出で来たりおることに御座候《ござそうろう》。」、「昨今各国競うて研究発表する植物棲態学《せいたい》ecologyを、熊野で見るべき非常の好模範島（神島のこと）」と。

一〇〇〇年単位で樹を伐らずに護ってきた「神林」は、いろいろな草や木が相互に、「密接錯雑」している。つまり、エコロジカルな相互関係や円環《えんかん》性を持っている。その典型が田辺湾に浮かぶ美しい島「神島」であると主張したのだ。世界を護るためには各地域のローカルで小さな森を守らなければならない。コミュニティの生産と消費、つまり地産地消の原点は、山・森（奥山・里山）―野原―田畑―川―海の連環の中にある。「カミ」は小さな地域の森の細部に宿り給う。

この南方熊楠の論点とその運動は、「鎮守の森」を護る黄金律ともいえる運動論理であるが、これは宮崎駿監督の作品の思想性にも深く通じている。

だが、そのような「鎮守の森」は『千と千尋の神隠し』になると、限りなく弱体化している。『となりのトトロ』も『千と千尋の神隠し』も、映画はともに引っ越し場面から始まるが、両者は対照的に描かれる。

元気のよい子供（メイとサツキ）と何事にも興味を持たない子供（千尋）の対照性。子供の世界がわかって一緒に遊べる親（草壁パパ）と子供の世界がわからない自分勝手な親（千尋パパ）の対照性。そして、千尋の両親は、お金やカードを持っているから店の人がいなくても心配ないと勝手に飲み食いして「豚」になってしまう。しかも、トトロが棲んでいたような森は切り崩され、宅地造成されて、神の住処よりも人の住処の方が上に立っている。そこでは、「神の家」(祠や神社)は打ち捨てられ、注連縄を張っていた神木も朽ち果て、鳥居も傾いている。

忘れられた「神の家」。そこでは、カミガミも汚れ、疲れ、「癒し」を求めている。癒しの湯屋に訪れてくる「腐れ神」(とされたカミ)は、実は「名のある河のヌシ」であり、「翁神」でもあり「老竜」でもあったのだが、一見すると、「腐れ神」になってしまっていた。それがまさに現代の風景であり、時代状況であることを宮崎駿は鋭く哀しく告発している。

「千尋」は「千」と名前を変えられたことで、魔女に支配される事になるという設定には言霊《ことだま》の観念が見られるし、「ハク」の本当の名前が「ニギハヤミコハクヌシ」であり、河の「ヌシ」神であるところにも、アニミスティックな感覚を持つ宮崎節が響き渡っている。が、環境設定としては、その響きは衰えている。千尋の父母は浅ましい物質主義的な現代人のカリカチュアとして描かれ、われわれ自身の自画像を自己批評的に描いているこいえる。

こうして、宮崎駿の主たる作品のモチーフを次のように解読することができるだろう。

① 日本のカミガミおよび宗教文化の原風景・原像としての『となりのトトロ』

② 日本のカミガミおよび宗教文化の弱体化・衰退と蘇りの希求としての『千と千尋の神隠し』

③ 日本の古層のカミガミの死＝神殺しと時代の苦悩としての『もののけ姫』と。そして、「トトロ」という「森のヌシ神」は『もののけ姫』においては、シシ神や乙事主《おっことぬし》などに分化しつつ、その神性が剝奪《はくだつ》され、弱体化されていく中世的変容の過程が描かれている。

これらの宮崎ヌシ神シリーズの元型として燦然《さんぜん》と輝いているのが、『風の谷のナウシカ』である。そこではトトロの原像は、「森のヌシ神」的な存在である王蟲《オーム》であった。王蟲はまさに、森と大地の生命力と浄化力を護る、「鎮守の森のヌシ神」なのである。

『風の谷のナウシカ』にはマンガ版とアニメーション版の二種があるが、わたしはこの二つのヴァージョンを、

マンガ版『風の谷のナウシカ』は旧約聖書的〜黙示録的に深い苦悩の中で救済を待ち望む

アニメ版『風の谷のナウシカ』は新約聖書的〜顕示録的に救いが実現する

と対置して捉えている。前者は実存・臨床哲学的な思索、後者は神学・救済論的なメッセージを発信している。

かくして、宮崎作品は、宗教学や民俗学などの授業を担当してきたわたしにとっても、

受講学生にとっても、汲めども尽きぬ最高に明確で面白い優れた教材であり、トトロも腐れ神もシシ神も王蟲も、ノスタルジックにして未来預言的なヌシ的存在なのである。しかもそれは未来に生きる「生態智」の探究実践を促す力となるものである。

かまた・とうじ◉一九五一年徳島県生まれ。宗教哲学者、神道ソングライター。NPO法人東京自由大学理事長。京都大学こころの未来研究センター教授。著書に、『宮沢賢治「銀河鉄道の夜」精読』『聖地感覚』『神と仏の出逢う国』『霊性の文学　言霊の力』『超訳　古事記』『現代神道論――霊性と生態智の探究』『古事記ワンダーランド』などがある。

トトロから学んだこと

ピート・ドクター
上杉隼人 訳

魅力的な『トトロ』のキャラクターたち

『となりのトトロ』を初めて観ることになった時、きっと途中で席を立ってしまうと思った。

僕はアメリカ中西部に育ち、ワーナー・ブラザース社が作り出すアニメ映画やディズニー映画、さらには「マペット・ショー」をずっと観てきた。『トトロ』はそんな僕が初めて観た日本のアニメ映画だった。その頃、カリフォルニア芸術大学に入学した直後で、できたばかりの『トトロ』の映画を、誰かが学校に持って来て、みんなに観せてくれたのだ。『トトロ』のキャラクターの描き方も動き方も、それまでの僕にはまったくなじみのないものだった。そして何よりめんくらったのは、その映画は英語に訳されていなかった。そして僕らは誰も日本語がわからなかった。だから、その映画を観てもきっとわかるはずはないし、はじまってすぐに頭が混乱して部屋から抜け出してしまうだろうと思った。

しかし、僕は席を立つことができなかった。

日本の読者のみなさんが考えそうなことは想像できる。僕は『モンスターズ・インク』の監督だから、きっと『トトロ』のキャラクターたちに惹かれたんだ――みなさんはきっとそう思っているだろう。確かにそうだ。あのキャラクターたちの魅力に惹かれて、僕は『トトロ』を最後まで観ずにいられなかった。しかし、僕が『となりのトトロ』を心底愛してしまったのは、もっと深い、そしてまったく予想もしなかったものを、そこに見出してしまったからだ。

確かに、『となりのトトロ』は二人の少女の物語で、彼女たちは大人に見えない不思議な生物たちに出会う。そしてこの生物たちが実によくできている。一歩間違えると、トトロはあまりにかわいすぎる、あるいはあまりにこわすぎるキャラクターになってしまったかもしれない。しかし、宮崎駿とスタジオジブリのアニメーターたちは、トトロのこの二面性を、非常にバランスよく両立させた。トトロはよいキャラクターなのか、それとも悪いキャラクターなのか、よくわからないが、どうやら子供たちの生活にすごく興味を持っているようだ、ということを、ある種の緊張感を保ちつつ、見事に演出したのだ。

トトロのキャラクターたちの体の重さや大きさについても、実に巧みに処理されていた。トトロはおどろくべき速さで空を飛ぶこともできるが、とてもゆっくり歩くし、動きも遅い。それによって、こいつは体が重いんだな、と映画を観る者に思わせてしまう。そしてトトロたちはもちろん架空のキャラクターだが、細かいところまで完璧に描かれていて、実際こういう生物がいると思わせてしまう。例えば、トトロが口を広げると、その髭が横に伸びる。僕らが飼っている犬や猫を見れば、同じことが確認できるはずだ。また、トトロのぴかぴかした長く黒い爪は、そのふわふわした体毛と、見事なコントラストをなしている。まるで本物の熊のかぎ爪を見るようだ。このトトロがバスを待ちながらその長い爪で体の脇を掻くシーンがあるが、それは特にリアルで、僕の頭にいつまでも焼き付いている。

お決まりのセリフや行動を超えたもの

すでに僕は『となりのトトロ』についてあれこれ書きつづっているが、この映画を好きになってしまったほんとうの理由については、まだ話していない。確かに、『トトロ』に登場する架空のキャラクターを観ているのが楽しくて、最後まで席を立てなかったのは間違いない。しかし、『となりのトトロ』は、僕が映画監督の仕事をスタートするにあたって、もっと深いものを教えてくれた。

トトロはもちろん愉快なキャラクターだったが、僕が最初に思わず前のめりになって観てしまったのは、人間のキャラクターたちが取る行動だった。彼らはアニメ映画に登場するお決まりの子供たちとはまったく違っていた。アニメに出てくる子供たちはかわいらしいセリフを口にし、決まりきったことをするが、『トトロ』の子供たちは、そういうことを一切しない。『トトロ』のサツキとメイが取る行動様式は、非常にリアルだ。僕には二人の妹がいて、母は子供向けの音楽教室を開いているので、僕は小さい頃から子供たちに囲まれている。だから、僕にはわかる。宮崎駿とスタジオジブリのスタッフは、自分たちがやろうとしていることをしっかり認識していたのだ。そして登場人物にどこかで聞いたようなセリフを言わせることには決して満足しなかった。サツキとメイは、自分たちが経験していることに対して、実に複雑でさまざまな反応を示した。僕は日本語ができないので、サツキとメイが一体何を話しているのかわからなかったが、二人が取った行動によって、僕はあの子たちの気持ちが手に取るようにわかった。たとえば、二人ははじめて「マックロクロスケ」を見ると、叫び声をあげて逃げ出す（僕ら大人たちの多くは、子供たちはこんなふうにするだろうとおそらく考えている）ようなことはせず、家のなかに向かって大声を張り上げて、この正体不明の生物を驚かして出てこさせようとする。こうすることで、二人の少女はおそらく自分たちの恐怖も追い出そうとしているのだ。これぞまさしく子供たちが実際に取る行動だ。しかし、こうした子供たちの行動をじっくり考えてみることで、はじめてお決まりのセリフや行動を超えたものが作り出せるのだ。

こうした実際の人間の行動を実によく観察した場面が、『となりのトトロ』全編に確認できる。最初にサツキとメイとお父さんが家に入る時、二人の女の子たちは靴も脱がず、家のなかを膝を突いて歩きまわる。自分たちの家を初めて見て興奮した彼女たちは、早く家に入りたくて、靴を脱ぐことすら面倒で、とても時間がかかるように感じるのだろう。もし自分が子供であれば、同じように感じるかもしれない。なにげないつなぎのシーンでも、人間の行動を忠実に再現していると思われる場面があふれている。一つ例をあげれば、メイが階段を下りてくるシーンだ。この子は一つの段に片足を下ろしてから、同じ段にもう片方の足を下ろす。幼い子供は、このように一段一段両足を下ろして、よちよち階段を下りていかないといけないのだ。

卓越した観察力とテンポ設計

こうした人間の行動をよく観察した描写が行なわれているのは明らかで、それを僕がここにずらずら書きつづったところで、日本の読者のみなさんは驚かないだろう。しかし、これはよく忘れられてしまうことだが、アニメーターが机で仕事をしている時に、目の前にあるのは白い紙だけなのだ。ある行動をアニメーションにしようとする時、最初に頭に浮かんだ場面を描いてみたい、あるいはそれを元に簡潔に仕上げたい、とアニメーターなら誰もが考える。だが、ある考えが簡潔であるからといって、それが現実をそのままに表現するとは必ずしも言えない。自分が作り出したキャラクターの視線で物事を観察するためには、深く物事を考えてみなければならない。

ちょっと細かい描写を挟み込むことで、物語に深みが増す。たとえば、サツキとメイのお父さんが雨戸を開ける場面がそうだ。この親子が古い家に住みついてから、お父さんはこの戸を開けるのに少し苦労している。お父さんがちょっと苦労するこの場面を描くために、アニメーターも苦労する。映画を観る者にとって、この場面は物語や話の展開においてほとんど意味がない。しかし、雨戸がすっと簡単に開かないこの描写によって、三人が古い家に住みついたということにあらためて気づかされる。このようにして、僕らの世界の現実をはからずも意識させられるのだ。

このような場面描写は、アニメーターがただ机に座っていて思いつくものではない。スタジオジブリのスタッフは、人生における豊かな経験、そして深い観察をこの映画で示している。彼らは僕がやろうとしていたことをやってみせてくれた。自分の身のまわりで起こっていることに注目し、そしてそれに対するさまざまな反応をスクリーン上で再現してくれているのだ。

雨のなか、サツキがメイを背負い、傘をさしてバス停に立っている場面がある。これは僕の好きな場面の一つだ。これは映画プロデューサーたちにとっては嫌なシーンだろう。というのは、ここでは特に変わったことは起こらず、彼らはカットせざるを得ないという決断を迫られることにもなるからだ。物語の展開にはほとんど関係しないし、興奮するようなアクションもない。プロデューサーたちはこう言うだろう。「ただネコバスに乗るだけじゃないか。ほとんど何のセリフもない。この場面、全部カットだ！」。しかし、この静かな場面によって、宮崎は僕らが永久に忘れることのない何かを作り出している。水たまりに雨が降り注ぎ、さざ波が立つ。カエルが一匹、のそのそ通り過ぎていく。これによって、映画を観る者も、宮崎によって、雨のなかサツキたちの隣に立たされることになる。そしてそこにトトロも現われる。そしてこのキャラクターがネコバスに乗る場面を驚いて観ることになる。宮崎とスタジオジブリのスタッフは、僕らが日常生活で実際に目撃し、経験していることを、たっぷり時間をかけて挟み込んだ。それによって、この場面は、実に魅力的な、そして決して忘れることのできないものになっている。

また『トトロ』の話のテンポにも、少しショックを受けた。僕がずっと観てきた欧米の映画と比べると、キャラクターの動きや話の要点はすべて抑制されて表現されている。『トトロ』では、どこか微妙で、どこかゆるい感じが、物語の細部にあわせて、提示されていたのだ。僕は身を乗り出して、思わず問いかけずにいられなかった。これまで自分が観てきた活動的で、ストーリー展開を重視する映画とは全然違うじゃないか？　いかにも宮崎は示したのだ。この映画はめまぐるしく話が動くわけではないし、ミステリアスでひねった筋が用意されているわけでもないし、変てこなコメディで笑わせようというものでもない。自分はそういったもので観客を惹きつけようとしたわけではないのだ、と。宮崎は、そうした情報を映画の開始直後に提示するかわりに、話の筋の重要な細部をゆっくり見せていく。物語が展開するのにまかせ、決してそれをとどめることなく、観客をその緩やかな流れに乗せようとする。

魅力的なキャラクター、そしてゆったりとした話のテンポに加えて、『トトロ』の場所の設定もすばらしい。あの映画に出てくる小さな木造の家のようなところはほんとうにあるのだろうか？　僕には知る由もないが、いずれにせよ、あの家のなかは暖かそうで、気持ちよさそうで、建物自体も丈夫でしっかりしていて、ずっと前からそこに立っているようだ。映画ではまわりに草木がびっしり生い茂っていて、古い家だが、住み心地がとてもよさそうに見えた。『トトロ』を観て、僕はあの家に住んでみたいと思った。

アニメーションの可能性

すでにおわかりかと思うが、僕は『トトロ』の独特の世界、雰囲気、そしてそこに登場するキャラクターによって、あの映画に完全に引き込まれてしまった。しかし、宮崎駿はそこからもう一歩踏み出していたのだ。『トトロ』は僕らに一つ疑問を問いかける。あのキャラクターたちはほんとうに存在するのか？　あの二人の少女が空想したものではないのか？あの子たちの母親は入院して、家にはいない。母がいない寂しさ、つらさに、サツキとメイは折り合いをつけようとしていたのではないか？映画の終盤まで、二人はそんな素振りは見せない。しかし、サツキとメイはそこで明らかに母の健康状態にショックを受けてしまった。現実に対処するために空想の世界を作りあげる行為は、まさに僕が子供の頃に試みたことだ。僕はそこで突然この二人の少女の気持ちを考えずにいられなかった。

なぜ宮崎がそこで彼女たちのこうした不安や悩みを物語ることになったのか、それについて監督本人と話したことはない。しかし、この場面はまさしく現実そのままに描かれていて、僕はこう想像するしかない。「マックロクロスケ」に大声をあげたり、階段をすごい勢いで駆け下りていくあの二人の少女たちと同じように、ここで映画も現実の生活から抜け出して、どこか別の場所にたどり着いたのだ、と。

僕がアニメーションを学ぶ学校に進んだのも、アニメに何ができるか理解していたし、それを愛していたからだ。アニメーションは、映画を観る人たちを新世界に連れて行く。すばらしい生物に命を与えることができる。実生活のエキスを絞りに絞り込んだ、「現実よりも現実らしい」場面を忠実に観察し、それを描写することができる。しかし、その後『となりのトトロ』を数年間観つづけたことで、アニメにはそれ以上のことができると知った。アニメは、ほかの人間の頭のなかにまで入り込めるのだ。その人の感情を感じ取り、その人が人生でどんなことを経験しているか理解できる。だから人は映画館に足を運ぶ。映画人の頭のなかにあるのは、こうした状況を作り上げることにほかならない。

『となりのトトロ』は教えてくれた——誰かの経験を提示することで、僕らのまわりの世界（たとえそれは実際には単純で簡潔なものではないにしろ）を簡潔に観察できるし、その誰かの経験に対する僕ら自身の反応も表現できる、と。映画を観る人たちは、自分がよく知っていることに反応し、それにつながろうとする。自分たちが認識できるものと結びつこうとする。人は実際に人間が取ると思われる行動を見て喜ぶし、自分たちがすでに目にしたことをもっとよく見たいと思う。誰もが喜びや痛みを感じたい。時には他人の苦しみも感じたい。自分たちが真実と認識するちょっと細かい描写を通して、互いにつながろうとする。

『となりのトトロ』を初めて観ることになった時、途中で席を立ってしまうと思った。しかし、最後まで観ずにいられなかった。そして次の夜また観た。以来、僕は『トトロ』を繰り返し観ているし、何度観てもまた観たいと思う。宮崎駿の驚くべき才能にいつも敬服せずにいられない。彼は映画を通し、一人の人間として、自身の経験を僕に語ってくれるのだから。

ピート・ドクター●一九六八年アメリカ生まれ。アニメーション制作会社ピクサー・アニメーション・スタジオの主要メンバー。監督作に『モンスターズ・インク』『カールじいさんの空飛ぶ家』など。宮崎駿監督作品『ハウルの動く城』の英語版の監督も務めた。

昔話の語法から見た『となりのトトロ』

小澤俊夫

私は昔話の研究者である。昔話が口伝えであることはよく知られているが、口伝えされてきた文芸とは、語り終えたら消える文芸なのである。語り手は、時間に乗って語る間に、聞き手が場面をイメイジできるように語らなければならない。そこに独特の工夫が要求される。その工夫が何代にもわたって引きつがれていくうちに、語りの語法が生まれてきた。昔話には独特の語法が潜んでいる。

この語法は、その基本的なところについては、どの民族の口伝えのおとぎ話（日本ではそれを昔話と呼ぶのだが）においても共通に見られることがわかっている。

その目で見ると、『となりのトトロ』にも昔話と極めて近い作法があることがわかるので、ジブリのアニメ作品はわたしにとって興味深いのである。

主人公への援助者としての「トトロ」について見よう。

トトロは人間側の主人公であるサツキとメイを、大事な時に助けて、結末の幸せに導いている。昔話ではこういう存在を「援助者」と呼ぶ。例えば岩手県の昔話『山梨もぎ』では、男の子が母親の病を治すために山梨をさがしに行くと、木の切り株におばあさんが座っていて、三本のわかれ道に三本の笹が立っているから、その笹が「いけっちゃさやさやと鳴っていたら行けばいいし、いくなっちゃさやさやと鳴っていたら行ってはいけない」と教えてくれる。兄二人はその忠告に従わずに行き、沼の主に呑まれる。三男は忠告に従い、成功する。

グリム童話集五十七番『黄金の鳥』でも、王子が黄金の鳥を探しにでかけると、きつねが現れて忠告してくれる。兄王子二人はその忠告に従わずに行き、失敗する。末の王子は忠告に従い、成功する。

このような援助者は、人間側の主人公にとって、前々から知っている間柄ではない。必要な時に突然現れるのである。しかも、それがどこの何者なのか、その素性を主人公は全く知らない。それなのに、すぐ、前々から知っているような信頼関係になる。トトロは昔話の援助者と同じ語られ方をしている。

そういう信頼関係になっても、トトロと子どもたちは一緒に暮らしてはいない。外的には距離がある。「となり」のトトロなのである。昔話の彼岸的援助者、忠告者も主人公と、外的には離れている。しかし内的には同じ次元の中にいる。木の切り株に座っていたおばあさんも、王子が出会ったきつねも、突然出会ったのに驚いていない。そればかりかすぐに言葉が通じている。トトロの唸りのような言葉も。昔話ではこの性質を「一次元性」と呼んでいる。

伝説ではこの関係が反対になっている。岩手県遠野で伝えられている「ざしきわらし」の伝説では、ざしきわらしは家の中に住んでいるという。しかし家人がざしきわらしに会うことはない。もし出くわしたらいいことはないという。外的には近くにいるが、内的には断絶しているのである。トトロは、昔話の援助者と同じく離れたところにいるが、内的には近くにいる。「となりのトトロ」という命名は、こういう彼岸的援助者のことをまことにうまく言い表している。

そのトトロのところへ行くには、木々による通路を潜りぬけていくようである。彼岸的援助者トトロの住むところは、彼岸的世界と考えられる。主人公が日常的な世界から彼岸的世界へ行く場面は昔話にはたくさんある。そのとき、いつも何かの通路が語られるのである。日本昔話の『おむすびころりん』では、おむすびが穴へ転がり落ち、爺がそれを追って穴へ入っていき、地蔵さまに至る。穴が地下の国への通路をなしている。

グリム童話集二十四番『ホレばあさん』では、泉の中へ糸巻きを落とした継娘は、叱られて泉に飛び込む。底まで落ちると、そこはきれいな原っぱであり、パン焼き窯があり、りんごの木があり、最後にはホレばあさんの家がある。地下の彼岸の国である。そしてこの泉はそこへの通路をなしている。

子どもたちがトトロのところへ行く通路は、林の中というか、トンネルのようになった木々の中である。グリム童話集百三十三番『踊ってすりきれた靴』でも、王女たちは、夜中に金、銀、ダイヤモンドの葉の森を通って、王子たちとのデートに行く。ここにも木々の森の通路がある。

通路の先の大木の根元にトトロは居るようである。昔話でも木の根元はしばしば不可思議なもの、貴重なものが隠されているところである。日本の『夢の蜂』という昔話では、二人の男が旅の途中で一休みする。一方の男が居眠りをする。起きている方の男が見ていると、眠っている男の鼻の穴から蜂がとびだして、向こうの白い椿の木の根元の穴に入る。

やがて蜂は戻ってきて、眠っている男の鼻の穴に入る。すると男は目をさまし、起きていた相棒に、「白い椿の木の根元に金壺がある夢を見た」と話す。それから二人は村へ帰る。帰ってから相棒がひとりでその椿のところへ行き、根元を掘ると、金の入った壺が一つ見つかった。男はそれをもって村へ帰り、金持ちになった。眠った方の男がわけをきくと、相棒は壺を見せてくれた。眠った男が壺をよく触ってみると、底に「七のうち」と書いてあった。そこで、男は椿の木のところへ行って、根元を掘ってみた。すると、金の詰まった壺が六個出てきて、男はたちまち金持ちになった。トトロが眠っているのも大木の根元である。

通路を通って行ってみると、トトロはせまい穴の中で横たわっている。昔話は、主人公や重要な登場者を狭い空間に閉じ込めるのが好きなのである。もっとも有名な例は、グリム童話集十二番『ラプンツェル』であろう。彼女は戸口のない塔に閉じ込められている。しかし、外界と全く断絶しているわけではない。ラプンツェルの長い髪だけが、昇ってくる通路になっている。トトロのところへ行くにも、林の中のあのトンネルのような道だけが狭い通路になっている。

メイが行方不明になったとき、サツキはトトロに援助を頼む。すると、トトロは迷いなくメイ捜索に動き出し、六地蔵のところで泣いているメイを発見する。昔話の彼岸的援助者はすべてを正確に知っているのである。しかも、何故それを知っていたのかは全く説明されない。『山梨もぎ』で木の切り株に腰かけていたおばあさんは、どうすれば山梨を手に入れることができるか、正確に知っている。しかもその知識の由来は説明されない。トトロについても同じことが言える。グリム童話『黄金の鳥』のきつねも同じである。主人公が遭遇する極めて困難な課題について、その克服方法を正確に知っている。しかも、自分の役割が終わると、さっと姿を消す。トトロも同じである。

メイが行方不明になったとき、ネコバスが現れる。あれはトトロの指示で現れたものと思われる。登場者間のそういう関係も昔話は説明しない。極めて興味深いのは、昔話でも援助者が主人公に与える贈り物は、移動手段となるものが多いということである。日本の『風の神と子ども』では、風の神自身が長いしっぽに子どもたちを乗せて空を飛び、秋の実りの山へ連れていく。『鬼の婿どの』では、鬼の嫁になった娘は、救いに来てくれた父親と、鬼との間にできた子を連れて逃げるとき、父親をいちどに三里走る車に乗せ、子どもを二里走る車に乗せ、自分は一里走る車に乗って逃げる。しかも、ちょうどその車が必要な時にそこにある。ネコバスも、子どもたちにとって絶対必要なときに、ぴたりと現れている。

トトロについては、昔話の語法から見て以上のような親近性が発見できるのだが、その他の点についても少しふれておきたい。

冒頭で、家族三人が住むことになった家が古い一軒家であることも、昔話との親近性を感じさせる。昔話では古いものは何らかの霊性を帯びている。そのために、そこで不思議なことが起きるのである。そして一軒家であることは昔話では必須の条件で、昔話では孤立性が基本的な性質なのである。『ヘンゼルとグレーテル』のお菓子の家も一軒家。そこにいる魔女も一人である。

主たる登場人物がサツキ、メイ、父の三人であることも昔話との親近性を感じさせる。昔話では三、七という数字が最も重要なのである。この点は民族によって多少の変化はあるが。

トトロがサツキとメイがまいた種を、あっという間に大きな木にする場面がある。そこでは時間の経過を無視しているのである。これも昔話と全く同じで、『手なし娘』で娘の手が再生するとき、あっと思ったら完全に元にもどっている。恋の病に倒れた長者の娘は、意中の若者が枕元に来てくれるとすっくと立ち上がる。昔話の「無時間性」といわれる性質である。

ところで、トトロは何者だろうか。トトロは明らかに自然の中にいて、自然の中から子どもたちのところにやってきた。それ以来、子どもたちは助けが欲しくなると、通路を通って森の木の根元にいるトトロのところへ行く。トトロは自然からの来訪者なのである。そう考えるとこれも日本の昔話の深い性質と同質であることがわかる。

どの民族も昔は自然の中で暮らしていた。自然は恵みをくれるが、同時に災害ももたらす。人間は自然の恵みを思うときには、そこに神のようなものを感じる。それをある時は水の神と考えたり、木に宿る神と考えたり、山母と考えたりして、その姿まで想像する。神を形象化すると言える。自然の災害を思うときには、そこに悪魔のようなものを感じる。それをある時は大蛇と考えたり、妖怪と考えたり、山姥と考えたりして形象化する。ヨーロッパの昔話では、いい場合はマリアや聖者として形象化し、悪い場合は魔女や人食い巨人として形象化するという具合に、キリスト教の枠がはめられている。それに対して、日本昔話の場合は、自然のどこからでも、何でも来訪者になりうる。

『つる女房』では鶴が女の姿で来訪するし、『山寺の怪』では動物のしゃれこうべが来訪する。それゆえ、日本では妖怪の種類が多いのである。その妖怪は悪い存在とは限らない。むしろ、自然からの精霊と呼んだ方がいいであろう。援助者も自然の中からやってくる。山の中でどこからか声が聞こえるだけだったり、本物の動物そのものが援助者として現れたりする。「送り狼」などである。トトロが出現するところを見ると、トトロは自然そのものであるように思われる。だから、自然にどっぷり浸かって昔話の世界を素直に楽しめる人間、即ち自然に近い心を持った人間のところに現れる精霊と考えられる。それで、作品の中ではサツキとメイのところに現れているのである。

おざわ・としお◉一九三〇年中国長春生まれ。口承文芸学者。筑波大学名誉教授。東北薬科大学助教授を経て、日本女子大学教授、ドイツ・マールブルク大学客員教授、筑波大学副学長、白百合女子大学教授を歴任。現在、小澤昔ばなし研究所所長。昔ばなし大学主宰。主な著書に、『昔話の語法』『グリム童話の誕生』『働くお父さんの昔話入門』ほか多数。訳書も手がける。

人間の住まいに、お化けはどう住んだか

藤森照信

三輪トラックが田園地帯を走り始めると、当然のように農家が現れ、林に埋もれたトタン葺き屋根が見える。急な傾斜といい、寄棟造といい、茅葺きの上をトタンで覆った農家に違いない。私の記憶では、一九六〇年代に始まったやり方で、茅を葺き替えるのは大変だし、かといって新築はもっと大変だし、一時の弥縫策《びほうさく》としてのトタン板カバー。戦後でも人口の七〇%近くを占めた日本の農村の緩慢《かんまん》な死を告げる合図だった。

次にまた農家が見えてくるが、幸いこっちは大丈夫で、屋敷林も茅葺きも健在。平野に点在する立派な屋敷林や、後に茶畑が現れるから、狭山辺りの景色だろうか。

一家が引っ越す先の家の光景はちょっと変わっていて、まず、赤煉瓦の小さなアーチ橋を渡り、石の門柱を通り、急坂を上ってやっと家が見えてくる。こんなに小さな赤煉瓦のアーチ橋は国分寺のもみじ橋以外で私は見たことがないから、アプローチの急坂は

国分寺から小金井にかけての国分寺崖線なのかもしれない。

赤土（関東ローム層）と思しき急坂を上ると、メイ一家が引っ越す新居が登場するが、極めて特徴的な姿をしている。

左手は洋館、右手は和館。専門的に言うと〝和洋併置式〟といい、明治の文明開化の中でスタートし、戦前いっぱい続いた日本独自の住宅スタイルである。

一四〇年ほど前、日本の住は大きな難題に直面していた。日本の長い長い木造建築の伝統と正反対の建築的性格を持つ洋式の住宅をどう受け容れればいいのか。もちろんキッパリ拒否する手もあったろうが、ヨーロッパ起源の近代文明を拒めば植民地化は必至。科学や技術といった分野では受け容れなければならないが、自分たちの住まいは伝統を維持したい。

なぜなら、人間という存在にとって、住まいは持続していてこそ住まいなのだ。住まいの持続によって、人の心は、記憶は、絶え間なく連続することができる。人間の時間的アイデンティティ（自己同一性）を保証するのは住まい。

明治になって新しく成立した官公庁や学校や病院や写真館を西洋館で作るのはいい。それらの建築は自分の外にあり、なるほどカクカクシカジカの理由で西洋式にせねばならないと説明されれば、意識は納得してくれる。自分の外の建築は意識によって捉えることが出来る。

でも住まいはそうした自分の外の建築ではない。住まいは、そこで生まれ、育ち、そこで死ぬための器。言ってしまえば自分の内面と一体化した建物。気付いた時はもうすでに自分の中に根差し、溜まってしまっている空間で、そのようなものを人間の意識は捉えることは出来ない。意識は言葉を通してしか機能しないが、人が青年期になり言葉を操れるようになった時には、すでにもう言葉の、意識の底に溜まってしまっている。

住まいは、自分の内面の、言葉と意識の届かぬ底の建築なのである。役所、学校、オフィス、銀行、教会、神社などを意識の建築というなら、住まいは無意識の建築で、本性は安定と持続にある。

にもかかわらず、明治の文明開化の中で、まず時の指導層が、欧米人を家に迎える必要に迫られた。そのため、大きな和館の玄関脇に洋館を建て、そこで迎えることにした。家庭版鹿鳴館。実例としては、明治二七年の岩崎久弥邸があり、和館は伝統の大工棟梁が、洋館は鹿鳴館の設計者として知られるコンドルが手掛けた。

欧米人を迎えるという実際上からの洋館であったが、時は文明開化、人々はそうした洋館を、意識によって新しいもの、オシャレなものとして捉えた。意識は洋館に憧れた。

ここに奇妙な共存が起きる。無意識の器としての和館の脇に、意識の洋館が並んだのである。昔ながらの住まいの中で安定し持続する無意識がある一方、その脇に、昔とは反対の洋館が憧れとして位置する。

明治の文明開化の中で成立したこうした和洋併置式住宅は、明治、大正、昭和戦前と時代が進むに従い、社会に広がり、根差してゆく。

大正や昭和戦前の、役所や会社の役付きのサラリーマンや、旧制中学や高校の先生といった女中さんを雇うクラスの住宅にはこのスタイルが好まれた。玄関を入るとすぐ洋間の応接間があり、椅子とテーブルが置かれ、天井からは洒落《しゃれ》たランプ風の電燈が下がり、壁には壁紙、床には板敷きに絨毯、そして本棚には読まない文学全集なんかが並ぶ。日本の近代化を象徴する国民的住居形式といえるだろう。

今はごく少なくなったが、一九六〇年代までは、戦前に開発された東京の郊外の住宅地には点々と見られた。

どの国でも、新しい建築スタイルが入って来た時、どう扱うかは難問で、歴史に当たると面白い現象が観察される。たとえば、一五世紀、それまでのヨーロッパは中世のゴシック様式が伝統として定着していたが、そこにイタリアで突如起こったルネッサンスのスタイルはどう伝わったか。イギリスもドイツも古代ギリシャ・ローマに由来するルネッサンスと自国の伝統のゴシックを混ぜた折衷スタイルを作り出して対応した。

近代にインドや中国にヨーロッパ建築が入った時も同じで、東西のスタイルを混ぜて一つにしたスタイルを生み出している。ところが日本だけは、新旧の併置という珍しいやり方をし、そのやり方の昭和初期版が、メイ一家の舞台となった。

具体的に見てみよう。

石組と池と灯籠で構成された南の日本庭園から見て左手に立つ洋館のスタイルは、急な屋根、てっぺんの尖った飾り、そして側面の窓の菱形入りの桟から判断するとゴシック系のスタイルに違いない。屋根の角が少し欠いてあるのはヒップ・ゲーブルといい、オシャレ度がちょっと高い。二階の屋根裏部屋に付く小窓には鎧戸がはまり、一階は四枚分の広い掃き出し窓（床までの窓）になっているが、専門的にいうと鎧戸はイタリアとフランスに固有で、広い掃き出し窓は欧米にはなく、日本の洋館に固有。掃き出し窓の外にパーゴラが作られているが、これも日本の洋館趣味。

外壁に張られている白ペンキ塗りの板は世界的にいうと面白い存在で、ヨーロッパではごく一部の地域にしかない例外的板張りなのに、アメリカの住宅と日本の洋館には当たり前のように使われている。イギリス人開拓者が、イギリスのごく一部の作り方をアメリカに持ち込み、開拓にふさわしい板張りとして大陸全域に広まり、さらに明治初期、太平洋を越えて北海道開拓用に札幌に持ち込まれ、そこから全国に広まって定着し、メイの家まで届いている。

メイの洋館は、欧米のどこかの国の洋館ではなく、欧米の色んな要素と日本に上陸してからの要素が一体化した〝なんとなくの洋館〟といえよう。

右手の和館は昭和初期の伝統的住まいの状態をよく伝えてくれる。外壁は〝押し縁下見〃で、雨戸がはまり、戸袋もある。雨戸の内側にはガラスの引き戸がはまり、廊下を隔てた和室には中央だけガラスの入った障子がはまる。室内は畳と床の間付きの二間の続き間。

台所や風呂は北側に設けられ、土間に置かれた二穴の竈にはタイルが張られ、鉄製の五右衛門風呂の縁《ふち》もタイル張り。私の田舎の家の一九六〇年代の風呂は、五右衛門の鉄釜の縁はタイルではなく〃人造石研ぎ出し〃だった。

洋館と和館の使い方を見てみよう。和館は一家の食事と寝室と居間に使われ、洋館は考古学か歴史学を専門とする大学の講師のメイの父の書斎に当てられている。小型の和洋併置式としては順当。

この順当な昭和初期の人間の住まいに、お化けはどう住んだか。メイ達がマックロクロスケと呼びお婆さんはススワタリと説明するお化けは、和館の天井裏と洋館の屋根裏部屋を巣とし、人がいないとそこから人間の居室に出張してくる。ススワタリと対照的にトトロの二匹というか二体というか兄弟のごときコンビは、縁の下に住んでいるようにも見える。

天井裏、屋根裏部屋は人間の住まいの上にある暗がりで、縁の下は下にある暗がりで人が意識しない上下の暗がりの中にススワタリとトトロは住む。意識の及ばない無意識の領分の住人としてのススワタリとトトロ。お化けをやや固くいうと精霊となる。先に、住まいは無意識の器と書いたが、ススワタリとトトロは、住まいの本質を体現した精霊で、子どもの眼にしか映らない。

メイとサツキの二人だけだったらススワタリとトトロは同居の道を選んだに違いないが、父という大人の存在が、たとえどんなに子どもを理解する良き父でも、ススワタリとトトロは引っ越しを余儀なくされ、庭先の緑のトンネルを通って大トトロの住む巨木へと移動する。

巨木はかつては神木として大事にされていたが、戦後の近代化、現代化の中で、巨木を祀る社《やしろ》は打ち捨てられ、忘れられている。巨木も大トトロももちろん自然の精霊のしるし。

やや強引に読み解けば、人間の無意識を体現するススワタリとトトロは、自然界の大精霊としての大トトロと通底している。

そして、メイが行方不明になる。人間の探し出せないメイを探し出したのはネコバスだった。住まいを個人の無意識の器とするなら、ネコバスという乗り物は、社会の、集団の無意識の器となろう。

メイの行方不明は、現代という時代の、文明の、行方不明の譬《たと》えだろう。

夜の冷たい雨の中、じっと待つ我々に、果たしてネコバスは来てくれるのだろうか。

ふじもり・てるのぶ◉一九四六年長野県生まれ。建築家、建築史家。東京大学生産技術研究所教授。七八年東京大学大学院工学系研究科建築学専攻博士課程修了。『明治の東京計画』で毎日出版文化賞、『建築探偵の冒険　東京篇』でサントリー学芸賞を受賞。代表作に、赤瀬川原平邸〈ニラハウス〉、熊本県立農業大学校学生寮などがある。

トトロの中の家族の記憶

長島有里枝

二〇〇二年の夏、パリから我が家にお客さんがやってきた。妹のクレオを預かってほしい、と友人から連絡が来たとき、都会育ちの十七歳の女の子を埼玉県所沢市のファミリーマンションに泊めるなんて可哀想な気がした。クレオはフランスで行なわれた日本文化研究の大会で奨学金を取り、研究のためにこちらに来るという。わたしはてっきり原宿の研究でもしているのかと思い、泊めてもいいけれどうちは田舎だから物足りないかもしれないと友人に返信した。翌日、妹はトトロの研究をしているの、と返事があったので胸が躍った。所沢市周辺はあの物語の舞台になったと言われている土地だからだった。それならうちに泊まるべきだとわたしは少々強引な返事を書き、クレオを迎える準備を始めた。

まずは『となりのトトロ』を観なおすことにした。聞き覚えのある地名が劇中に登場するのは覚えていたが、全部で幾つで何という場所だったかはわからなかった。ＤＶＤを一時停止しては出てくる地名を手元の紙に書き留める。そのうちの幾つかは地元に実在したし、そうでないもの——見覚えのあるモニュメントや、近所にある場所と似た地名——もあった。例えば、「七国山」と数字ひとつ違いの「八国山」と呼ばれる緑地が東村山市にある。誰かの遊び心か、草壁家の引っ越しで使われていたオート三輪が冒頭ですれ違うバスの行き先は「八国山」のままになっている。サツキとメイが雨の日に父親を待つバス停には「前沢」という地名が書かれているが、それと同じ名の交差点が所沢街道沿いにあるし、ネコバスの方向幕にある「松郷」と「牛沼」という地名も所沢市内に実在した。この一連の作業が宝探しのように魅力的で、わたしはかなり夢中になった。結局クレオは、大きな送電線が遠くまで続く所沢市小手指町の周辺と、橋の上から見る狭山湖と、「トトロの森」と呼ばれる山林の一部にしか連れていくことができなかった。残念なことに、当時の森は驚くほど荒れていて、映画のイメージとはかけ離れていた。地元に住むせいか、映画の世界を再現している場所は他にもある気がした。わたしはまだ赤ん坊だった息子と一緒に、あるいは一人で、時間を作ってはそれらの土地を訪ねるようになった。たまたま近くを通りかかるようなこともあり、そんなときは車を停めて、少し近辺を観察した。

　そうすることで気づいたのは、わたしが人生のほとんどの時間——子供時代の全部と、子育て中の現在に至るまで――を多摩北部から埼玉南西部にかけての狭山丘陵と呼ばれる地域で過ごしてきたことだった。引っ越しが多かったせいで、故郷だと言える場所など自分には無いと思い込んでいたが、それは間違った認識だったかもしれない。なぜなら、移り住んだ家々はどれも仮住まいに思えたが、記憶に残る懐かしい風景は過去のほとんどの家がその中にある、狭山丘陵のものだからだ。そのせいなのか、映画に存在する架空の「松郷」の田園風景を延々と渡っていく大きな送電線や、「七国山」のちょっともの悲しい病院や、トトロの住む大きな木などに、どことなく見覚えがある気さえするのだった。

三歳から十歳までは、清瀬市の北にある団地に住んでいた。四十棟近い建物のそれぞれに二十世帯ほどが入居する大きな団地で、わたしの家があった号棟は中でも特に見晴らしのいい場所にあった。北向きの台所の窓は道路に面していて、景色を遮るものがなかった。道路の向こうには日に焼けてエメラルドグリーン色になったフェンスが立っていて、その向こうは両側を土手に挟まれた遊歩道で、さらにその奥には柳瀬《やなせ》川が流れていた。柳瀬川は、雨が続くと急激に水かさが増した。ベージュ色の水が飛沫を上げながら轟々と流れる様子をわたしは窓辺で見下ろし、川の水が遊歩道に溢れ出すのはいつなのか、少しの期待を込めて見守った。柳瀬川の向こうには畑が広がっていた。その畑の奥行きを、かなり遠くで緑の大きなかたまりが遮っていた。その緑が森だったのか、山だったのかはわからない。もこもこした濃い緑を右に辿っていくと、鉄橋があった。団地のはじっこへ遊びにいった帰りにはときどき、鉄橋を列車が渡るところが見えた。車輪が線路のつなぎ目を鳴らす音は、壁にぶつかって団地に小さくこだました。天気のいい日には、景色の左にある真っ青な空の中に白い富士山がうっすらと見えた。畑のところどころに、茅葺き屋根や立派な瓦屋根を持った大きな家が点在していた。家々は蔵を持ち、社会科の授業で習ったばかりの防風林で囲まれていた。たった一本の川を隔てた向こうに見える景色は、自分と同じ世界のものではないみたいだった。あちら側に住む人々がわたしや、わたしの家族や友達と同じように、デパートで買った洋服を着ていると思えなかった。あっちには、着物や木綿の野良着にほっかむりをしたおばあさんやおじいさん、それから父のアルバムで見たような、坊主刈りでほっぺが薄汚れ、穴の空いたズボンを穿く少年が住んでいるんじゃないか。団地に住む自分たちの持つゲームウオッチやテレビ、カップヌードルやおもちゃ付きのお菓子はないんじゃないか。あっち側は時代を遡《さかのぼ》った、行けば二度と帰って来れない遠い場所のような気がして、少しだけ怖かった。うっとりするほど見事な橙色の大きな夕焼けはすべて川の向こうに沈み、きれいな赤とんぼが大量に飛んでくるのもあちらのほうからだと知っていても、川の向こうには行かないようにした。市民センターの向こうの城山公園にもなるべく行かなかった。それでもわたしはときどき両親に、川の向こうはどこなのか尋ねた。彼らはいつも、あっちは埼玉県だよ、と答えた。だから四年生の終わりに埼玉への引っ越しが決まったときは愕然とした。その引っ越しはわたしに物理的な移動ではなく、時間を遡る移動をイメージさせた。

DVDで、母親のいる病院から電報を受け取ったサツキが、母が死ぬのだと思い込んで井戸のそばで大泣きするシーンを観たとき、わたしはホッとした。同じようなことが、自分にも起こったのを思い出したからだった。

引っ越しをしたわたしたちは新しい土地に知り合いがいず、家族で過ごすことが増えた。それまで家族はわたしにとって、なければ困るけれどもあることを意識するわけでもない、空気のような存在だった。けれども何かが変わり、わたしたちはお互いを意識した。そのせいで、なければ困るのだという思いだけがどんどん膨らんで、わたしを不安にさせた。

サツキと自分は似ている。長女にありがちな、大人の中で育ったせいで自分が子供であることをうまく相対化できない感じとか、母親の代わりを務めようという自負があるようなところはわたしにもあったし、いまもあるかもしれない。父親の代わりに家族の朝食と弁当を作ったりはできなかったが、それはわたしの母が、本当に不在ではなかったからだと思う。

わたしたちの母はちゃんと家にいたのだが、わたしにはいないように思えた。新しい土地に馴染めなかった母は、そのころ文句ばかり言っていた。母の愚痴を聞かされたのは、それが初めてだった。わたしも新しい学校に馴染めなかったが、母が可哀想で自分のことは黙っていた。父は忙しくてほとんど家にいなかったし、住む場所で変わる人間関係は持たなかった。無いはずのものが、わたしには怖かった。新しい家の壁に塗込められている何か恐ろしいものとか、母を死に追いやる、大きな病気などが。

新居の居間で、弟が急に泣き出したことがあった。どうしたの、と母が尋ねると彼は、お母さん死なないで、と叫ぶように言った。あまりに唐突な言葉は母をきょとんとさせ、わたしの心を凍りつかせた。それはわたしがずっと我慢していたのと、まるきり同じ言葉だった。自分だけの妄想だったはずの母の死なのに、どうして弟の心まで埋めていたのかはいまでもわからない。ただ、弟も同じ思いだったことで幼稚な妄想だと自分に言い聞かせて抑えていた母の死は、一気に現実味を帯びてしまった。わたしは、井戸端のサツキそっくりに、まるで赤ん坊のようにおいおい泣いた。母は驚き、弟はわたしを横目で盗み見たあと、負けじとさらに大きな声で泣いた。弟と並んでわあわあ泣く自分の姿は、父の本棚のガラス戸に映っていた。それを自分で見ながら、なぜか安堵したのを覚えている。

サツキのお母さんなら、この安堵を理解してくれるだろう。病院を見舞った娘二人の、何も知らない人ならば幼いほうを気にかけるだろうが彼女は違った。お姉ちゃんは厳しい、と母に告げ口するメイの言葉を聞き流し、幼いメイを待たせて、まずサツキの髪を梳かす。決してお姉さんだから、と言わないのは、サツキがもう十分すぎるほど頑張っているのを知っているからなのだろう。若い頃は、そのシーンの素晴らしさに気づきもしなかった。

母は、お母さんがあなたたちを残して死ぬわけないじゃない、と言ってわたしたち姉弟を抱きしめた。そのときようやく母が家に戻ってきたとわたしは感じたし、弟もきっとそうだったはずだ。

サツキとメイには、トトロがいて良かったと思う。わたしの家には、やっぱりお母さんがいたけれど、彼女たちには違う事情があったから。それでも二人に起きたことは、あのときのわたしに起きてもおかしくなかった気もする。寂しくなるとわたしはいまでも団地の芝生から見た夕焼けや、柳瀬川の向こうの景色を思い出すし、もう知り合いもいない団地から見ただけの、行ったことのない場所が、まるで自分の故郷のようでもあるのは少し心強い。

クレオのために調べた地名を辿っていくうちに、地理的な、町同士の位置関係がわかってくると、あの頃わたしが清瀬の団地から見ていた景色は埼玉県所沢市のものだったことがわかった。そのうえ、広大な畑を遮っていた緑のかたまりの向こうが、偶然にも所沢市松郷だったことを知って驚いた。そのことは、あの頃の自分が見ていた川向こうの世界には、もしかすると本当に、カンタやカンタのおばあちゃんが住んでいたのかもしれないとわたしに思わせる。サツキとメイも、わたしのようにこちら側からあちら側に行った子供だったのではないか、と。あのころよく出かけた神社の、友達四人と手を繋いでやっと胴体を囲むことができたケヤキの木には、トトロが住んでいたのではないか。そしてわたしが望めば、引っ越し先までネコバスで駆けつけてくれたのではないか。きっとわたしの地元だけではなく、ありふれた風景のどこにもだまし絵のようにひっそり宿るなにかはいて、ときに子供の涙を止めてしまうような不思議な景色を、いまも生み出しているのではないかと思うのだ。

ながしま・ゆりえ●写真家。一九七三年東京都生まれ。武蔵野美術大学在学中に写真作品でアーバナート#2展パルコ賞を受賞。九六年に渡米、California Institute of the Arts で写真課程のMFAを修了し、九九年に帰国。二〇〇一年『PASTIME PARADISE』で木村伊兵衛写真賞を受賞。著書に『背中の記憶』など。

鏑木清方と『トトロ』の絵づくり

蓬田やすひろ

はじめて『となりのトトロ』を見た時、我々、戦中戦後に育った世代の世界だということを強く感じました。昭和一六年生まれの私は、小さいころ故郷の札幌で、疎開などで本土から引っ越してくる人々を日常的に見ていました。だから、映画の冒頭の引っ越しのシーンには、架空のものではない郷愁を感じ、現実と夢が共存しているような新鮮な感覚だったことを覚えています。

私自身は、札幌市内で二回の引っ越しを経験していますが、最初に真っ暗な部屋に入ったときススワタリみたいなものがわーっと広がっていく様子や、雨戸のきしみ、家の間取りなど、トトロの世界と幼少の体験がぴたっと重なるものがありました。宮崎駿さんもきっとどこかで、そういうのを経験したのかもしれません。

『トトロ』という作品は日本人の感性を強く感じる作品ですが、絵描きという立場で見た時に印象深かったのが、まず作品の背景に非常に神経を使っているということです。背景に神経を使うことで絵の中心が生きてくる。登場人物を多少粗く動かしても背景が安定しているから、リアリティが失われないんです。

田園や山並み、日が暮れる様子などの背景の変化では陰影が効果的に使われていますが、そこに〝空気の匂い〟までも再現しているという点が素晴らしい。日が燦燦《さんさん》と照るときの葉っぱの匂いと、夜、太陽が沈んでからの匂いの違い――、あるいはススワタリがわーっと動くシーンでは、ススの匂いを一緒になって味わえたり、風呂の薪が燃える匂いまで感じられます。こうしたことはすべて描き手が体験しているものだから、リアリティを伴った匂いとなって映像に返ってきているのでしょう。そんな言葉に表せない匂いや空気感があることで、見る側にそれだけ深い見方をしてもいいですよという許容量を与えている。映画全体の大きさ、深さになっている。

たまたま私の場合は鏑木清方《かぶらききよかた》や伊東深水《いとうしんすい》といった、線描の美しい日本画家のファンですから、作品を見た時にそうした日本画的な要素を感じやすいというのはあります。『トトロ』の背景美術の線の使い方には、鏑木清方や日本の往年の巨匠と言われるような、線描が際だつ日本画家の世界に共通する魅力があると感じています。

一般的なアニメーションの色遣いは、中間色というよりもどちらかというと油彩的な質感で鮮明なものになりがちですが、森の中の竹藪の様子だとか、病院の中の色の使い方、居間のシーンの室内への陽の入り方などには日本画的な中間色を感じる部分が多くありました。

特筆すべきは、背景が非常に細やかに描かれていることでしょう。たとえばシダの葉の一枚一枚にきちんと陰影をつけているところや、それが非常に正確なことには驚きました。こうしたところは単純に見えるようでいて、樹や植物の表現は非常に難しい。光がどちらから入っているかなどがすごく正確で、スーパーリアリズムを感じるほどです。

鏑木清方は、円山応挙《まるやまおうきょ》などにも通じる、背景にすごく気を遣って描く画家でしたが、たとえば代表作のひとつ「深沙大王《じんじゃだいおう》」は、植物もこれはなんの草かまですべてわかるように克明に描かれている。竹藪の中の葉も一枚一枚まで描くような描写は、『トトロ』の描き込みに通じる魅力を感じます。鏑木清方や伊東深水のような、線を活かすタイプの日本画家は、ラフなデッサンにはじまり、最終的に一本の線に磨き上げていくという作業をしています。これはラフの段階できっちり練ってこそ絵としてよい骨組みができるためですが、おそらく『トトロ』においても光の入り方などの計算をラフで綿密にしているのではないかと想像します。

また、夜のシーンなどは完全に陰影のみで表現されていますが、闇の部分と、影の部分、わずかな明かりでも、きちんと陰影をつけていて、普通だったら飛ばしてしまうようなところもきちんと描き込まれている。雨のあとの水や、そこに光が当たる様子、車の通った跡や人が通った跡まで……。本当にリアルなものを完成させるには相当時間がかかります。実際にロケハンをし、デッサンを繰り返した賜物ではないかと思います。

宮崎さんと私はじつは同い年なのですが、この年代は頑固というか、戦中戦後の厳しい時代も知っていて、周りの環境からも甘やかされることはなかった。ですから、宮崎

鏑木清方「深沙大王」
明治37年　鎌倉市鏑木清方記念美術館蔵

さんも相当自分自身を痛めつけ、周りのスタッフにも納得するまでゴーサインを出さないのではないかと思います。こうした強いこだわりこそが宮崎芸術と日本人の魂なのではないかと思うのです。

私自身のイラストの信念は、モダンと品格——何を描いてもどんな色を使っても、これがなくては絶対にダメだと思って描いてきました。日本画の本質は品格にあるのです。そういう精神性を宮崎さんにも感じます。

ただかわいいキャラクターがいるのではなく、それを取り巻く世界や人間の大きさが、深みのある絵を通して伝わってくる。だからこそ宮崎アニメは流行《はや》り廃《すた》りを超えて、時代時代で、これから成長する子供たちが見た時にもわかる作品になってきたのだと思う。実際体験していないし見たことはないけれど、日本人として感じるものがある。そこには昔ながらの生活感という品位が存在している。宮崎さんの作品を観る人は、無意識にそれを受け止めているのだと思います。

よもぎだ・やすひろ◉一九四一年北海道生まれ。高校卒業後、大手広告代理店を経て七四年にフリーのイラストレーターとなる。時代小説の新聞・週刊誌連載の挿絵や、藤沢周平、平岩弓枝をはじめとした多くの本の装画を手掛ける。二〇〇九年菊池寛賞を受賞ほか、受賞歴多数。

追憶のかなたで輝く味

平松洋子

「よーくこぎな。水がちめたくなるまで」

井戸のポンプを上に下に押し、懸命に漕《こ》ぐサツキ。教えてやるカンタのおばあちゃんはもんぺ姿、頭に姉さんかぶりの手拭い。背後にのどかな田んぼの風景が広がる。

父タツオ、サツキ、メイ、草壁一家の三人がオート三輪に家財道具を載せて越してきた家には井戸がある。この家で生活してゆくためには、まず井戸水の汲みかたを覚えなければならないのだ。引っ越し早々のシーンを観ながら、思いだす。わたしの祖父の家の裏手にも古い手押しポンプがあった。ときどき遊びに行くと、もの珍しくて「汲んで」と大人に頼んだものだ。小学校に上がる前の子どもには、手押しポンプは重すぎる。蛇口を凝視していると、ごぼごぼと音が鳴るのを合図に滝の勢いで水がほとばしった

——祖父が亡くなったあと家を訪れることも少なくなり、何十年も手押しポンプに触れ

たことはなかったのに、井戸水をめぐる記憶がぼろぼろこぼれて数珠つなぎに繋がる。硬質で平べったい金属の柄の感触、指に伝わってくる水圧、蛇口から迸りでる水の冷たさ、うっかりしていると飛沫が飛び散って足が濡れる……いきなり時間が遡《さかのぼ》って動揺さえするのだが、ほどなく郷愁に変化し、なつかしさとして居場所を得る。

なつかしさの感情は、すでに失われたものへ向ける視線から生まれる。求めようとしても、もう姿を消してここにはないもの。欲しいと願っても、叶わないもの。『となりのトトロ』には、一軒の古い家のなかにそのようななつかしさが万華鏡のように詰まっている。サツキとメイが「まっくろくろすけ」を初めて目撃する台所にしても、羽釜《はがま》、柿渋の団扇《うちわ》、竹ざる。床には簀《す》の子、土間に置かれた一升瓶、バケツ、洗濯板、茶箱……今これらにお目にかかれる場所といえば、保存された古民家や資料館くらいのものだろう。風呂の焚き口は台所のなかにあり、サツキは破れかけた使い古しの柿渋の団扇で風を送り、火を熾《おこ》す。または、一升瓶。何本も台所に備えてある一升瓶は酒のためではなく、空き瓶を利用した簡易精米器としての道具である。配給の米が玄米になったのは昭和十八年、それ以来、家庭で糠《ぬか》を取り除くために一升瓶に米を入れて棒でつく精米法が広く普及した。一升瓶は、米を食べるための大切な生活必需品なのだった。すでに役目を終えたさまざまな生活道具が郷愁と愛惜を刺激する。

ところが、興味ぶかいことにひとつ、気づく。なつかしさを満載した船のような家屋のなかにあって、失われたものとしてではなく、目を射るほどの生の輝きを放って躍動感を伝えてくる存在がある。食べものである。

『となりのトトロ』で描かれるのは昭和三十年代初頭ということだが、登場する食卓の風景や食べものはすこし時制を遡って、むしろ昭和二十年代後半のそれを思わせる。つまり、食べものには意識的に微妙な時代操作がおこなわれていることが見てとれるのだ。そもそも草壁家にはテレビがない。それは考古学者である父タツオの選択であり、時代と逆行する暮らし向きを貫こうとする意思表示でもあるだろう。テレビの本放送が始まったのは昭和二十八年、庶民の手が届かない高級品は、飲食店に置かれれば客寄せの小道具にもなった。昭和三十年代に入ると、まもなく料理番組がはじまる。昭和三十一年、日本テレビでスタートした月～土曜放映の十五分間番組『奥さまお料理メモ』がたちまち人気を集め、続けて昭和三十二年に始まったのが、現在まで続くＮＨＫの長寿番組『きょうの料理』である。テレビという新しいメディアがしきりに紹介したのは、なるほど時代の最先端をゆく洋野菜のサラダ、オムライス、シチュー、クリーム煮などの目新しい料理の数々だった。洋食の素材マカロニが登場したのは昭和三十年、「マ・マー　マカロニ」や「オーマイ　マカロニ」などが大量生産されはじめて洋食への関心をあと押しし、クッキングスクールのブームが起こったのもこのころだ。昭和三十二年には電気釜の販売台数が百万台を突破、都会を中心に、日本の食卓は電化時代をひた走りながら、めくるめく変化を遂げてゆく。いっぽう、時代の潮流に背を向けるようにして引っ越し先を農村部に選んだ草壁家の暮らしには、野菜や米や豆などの食材があるがままの素朴な顔をして日常にとどまっている。つまり、食卓と自然の距離がきわめて近いところにある。

ただし、素朴や質素であることは、むろん粗末とはちがう。『となりのトトロ』が差しだすテーマのひとつは、サツキがこしらえる三人分の弁当の情景にもさりげなくこめられている。

引っ越しの翌々日、父より早く起きだして台所に立ち、菜切り包丁で青菜をざくざく刻むサツキ。刻み終わると、まな板を持ち上げてそのまま傾け、味噌汁の鍋のなかへするりと落としこむ。お玉ですくった味噌を鍋に入れてかき混ぜるのも馴れた手つきだ。台所の裏手には、白い煙を上げる七輪。入院中の母に代わって一家の主婦役を引き受ける小学六年生のサツキのけなげな姿が描かれる。ちゃぶ台を囲む三人の朝食、かたわらでサツキがこしらえるのが日の丸弁当だ。

ごはんのまんなかに赤い梅干しが一個。そもそも日の丸弁当は、日中戦争のころ、昭和十二年九月からおこなわれた国民精神総動員運動の一環として奨励された。毎月一日、戦場の苦労をしのんで質素な食生活をこころがけよというお達しだったが、それでは逆に米をたくさん食べることになるという理由で節米運動に切り替わり、あっというまに奨励は取り下げられた経緯がある。しかし、米と梅干しさえあればどうにかなるのも日の丸弁当の魅力なのだから、ひとつの弁当のスタイルとして愛されてきたのも当然のなりゆきだろう。じっさいのところ、いっさいを削ぎ落とし、簡潔を絵に描いたような日の丸弁当は日本人にとって弁当の原点である。

サツキのつくる日の丸弁当は、工夫と機知に富んだユニークなものだ。楕円形の弁当箱の半分に、ごはん、梅干し。もう半分のごはんのうえに、赤いでんぶ。その右側にえんどう豆の煮物。二種類のごはんの仕切り役はめざし。さっき七輪のうえで焼かれていたのは、このめざしだったのだ。全編を通じて「料理」がアップになるのはこの日の丸弁当のシーンだけだから、よけい鮮烈な印象を投げかける。ごはんにのせたでんぶは魚肉の加工食品で、蒸した魚の身を煎ってほろほろに仕立て、酒や醤油、砂糖などで味つけしたもの。どぎついピンク色の彩色が、甘さが貴重だった時代のささやかな贅沢感を満たす。素朴といえばこれ以上ないほどの素朴かつ質素なサツキの日の丸弁当だが、たんぱく質のいわし、腹持ちのいい豆、目にもあざやかな甘いでんぶ、母になり代わった気働きがぎっしり詰まっている。もしかしたら入院前に母がこしらえてくれた弁当をなぞったのかもしれないと思えば、サツキのこしらえる日の丸弁当にしみじみとした味わいが滲んでくる。

『となりのトトロ』が湛えるそこはかとない力強さ、たくましさは、じつは食べもののちからに拠るところが大きい。

サツキとメイは、逢いたくてたまらなかったトトロをついに見つけ、巨大なコマに乗っていっしょに夜空を飛遊しながら不思議な時間を過ごす。

「メイ、私たち風になってる!」

ふわふわのトトロにつかまってゆうらりと飛遊しながら歓声を上げた、その翌日。カンタのおばあちゃんの畑仕事を手伝うサツキは、全身に太陽の光を浴びて夏の日を過ごす。

「宝の山みたいね!」

サツキの言葉通り、もぎたてのトマト、きゅうり、なすがざるに並ぶ収穫の様子は、まさに自然がもたらす贈与の証しだ。真夏の青空の下、ざるに入れて流水に浸したきゅうりをがぶりと丸かじりするサツキ。さっきまで蔓《つる》にぶら下がっていたきゅうりの鋭いイガイガ、青くさい香り、こりっと爽快な歯ごたえ、説明なしにすべてが五感に訴えかけてき、わたしたちはその総体を「おいしさ」の本質として受けとめる。素手で握って立ったまま齧りつくきゅうりの味わいを、なつかしさの追体験ではなく、現在の自分に起こるなまなましい食欲として認識するからこそ心身が揺さぶられるのだ。

カンタのおばあちゃんがたたみかける。

「おてんとさま、いっぱい浴びてっから体にもいいんだ」

もぎたてのとうもろこしに重要な役割が隠されていることも見逃せない。

「メイがとったとんもころし！」

四歳のメイが自分の手で引っこ抜いたとうもろこしは、きっと生まれてはじめて味わう収穫のよろこびだ。だからこそ、もぎたての一本に、幼子の真情が投影される。とつぜん届いた七国山病院からの電報に不安をかき立てられ、我を忘れて電話を借りに走るサツキのあとを追いかけるメイは、とうもろこしを胸にしっかり横抱きにしたままだ。そして、自分だけ蚊帳の外に置かれた疎外感を味わったメイは居ても立ってもおられず、そのとうもろこしを病院のお母さんに届けたい一心で、おとなが歩いても三時間はかかるという道のりをひとりで歩きはじめる。突飛な行動を励まし、支えたのは、両腕のなかにあるとうもろこしの実在感である。そして、メイはもぎたての皮のしっとりとしたやわらかさ、産毛《うぶげ》の優しさに慰撫《いぶ》されてもいただろう。

黄色い実がぎっしり並んで詰まったとうもろこしだからこそ、メイとサツキ、ふたりの姉妹の胸のうちを物語るにふさわしい。さみしくて泣きたいときもあるけれど、お父さんと三人いっしょにお母さんが帰ってくるまでがんばる。粒を寄せ合うとうもろこしに託されているのは、離ればなれに暮らす家族の絆だ。

『となりのトトロ』に横溢しているのは、うしろ向きのなつかしさではなく、ひとが日常を生きようとする生命力である。やわらかな土の道を裸足で踏みしめたくなるような生の輝きが井戸や田んぼの水によって照らしだされる、そのまぶしさ。七輪で焙《あぶ》るめざし、梅干しやでんぶの赤が晴れがましい日の丸弁当、産みたての新鮮な卵、縁側で肩を並べて頬張るおはぎ、天日干しの野菜、流水に浸したトマトやきゅうり、もぎたての太いとうもろこし。なんでもないのに、腹の底から、こころの底から、うまそうだ。しっかりと嚙《か》みしめ、滲み湧きいずる味の在りかをあらためて確かめたくなる。食糧にもこと欠く戦中戦後をかいくぐり、ようやく胃袋にもひと心地のついた時代の素朴で質素な味が、ふかい共感とともに五感を呼び覚ます。きっとそれは、『となりのトトロ』に描かれる食べものが、ことごとく日本人の味覚の根本を指し示しているからなのだ。

ひらまつ・ようこ◉一九五八年岡山県生まれ。エッセイスト。食べ物や生活文化をテーマに執筆。『買えない味』がBunkamuraドゥマゴ文学賞、『野蛮な読書』が講談社エッセイ賞を受賞。他の著書に『小鳥来る日』『ステーキを下町で』など。

私の、トトロ！

淀川長治

トトロは、何年も何年も何年も、私の心のなかで、私の目のなかで、私を楽しくさせて生きてくれることでしょう。

宮崎駿先生の、この幻想は夏の日の、夏の夜の、みどりの森と、満月の光と、そのなかから浮かんだ、子どもたちへの、愛と、夢のファンタジィですが、もう、目のくらむ美しさです。

よくも、これだけの幻想、空想が、浮かびましたことかと、口もきけぬびっくりです。

トトロ、この名だけでもう涙があふれました。バケモノがこの可愛いさこのやさしさ、このコッケイさで登場しました。あの目、あのヒゲ、そして大きな大きなからだ。

私はよく、おひとよしの太ったひとに見とれることがありますし、そんなひとが大好きですが、トトロが、まったくそれなんです。

あのトトロの可愛いさ、やさしさ、あれを見て思わず笑って泣いた、あのときから、ひとに逢うたびに『となりのトトロ』を見ましたかと聞くくせがつきました。そしてそのたびにみんなが「アア、ヨカッタネエ」と答えてくれました。オモシロカッタネエよりも、ヨカッタネエでした。みんな、大人の、重役も、社長も、もちろん学校の先生も、そして私にもあのトトロの灯《ともしび》は胸にずうーとともって、ときどきピカッと強く光ります。

サツキちゃんたちが転宅したときのビックリ。あの家の(絵)の美しさ、動きの見事さ(戸を開ける、階段をあがる)あの音、あの(ひとのいなかった家)の感じに、びっくり。コロコロところがるススワタリ。

この幻想、この美術は、どこから生れたのでありましょう。トトロの顔、トトロの笑顔、トトロのヒゲ、あの太ったすばらしいトトロがバス停に立ったあの雨の日、思わず拍手してしまいました。

それに、あの、ネコバス。ススワタリからトトロから猫のバスまで、みんなみんな、こわい、森のお化けなのに、その、みんなの可愛いさ。私はいつも心やさしい映画に惚れぼれするのですが、これほど、やさしい、可愛い、美術映画を見たことがありません。

私は少年のころから「赤い鳥」「童話」「金の船」などの童話雑誌に夢中でした。

そして川上四郎、岡本帰一《おかもときいち》たちの絵に見とれました。とくに川上四郎の童画のファンでしたが『となりのトトロ』はさらに、それが超モダンになって、しかも、日本の伝説的古典が、童画のかたちをもって輝いているのでした。

私は「トトロ」を死ぬ日まで愛します。そして、あの可愛い子供とお母さんお父さんも。

笑って、ほほえんで、心の底から、とけこんで見つめて、涙さえにじませて、楽しみました。この心を温めた『となりのトトロ』が、ほんものの美術の香りをすべてのシーンのなかに、見事に、あふれさせていることに見とれました。

トトロという名を赤ちゃんが、そう、言った、その楽しさが、ススワタリにも猫のバスにも伝わって、この小さな小さな子供の仲良しオバケが、この、すごい、美術を生んだことに、百万ベンのお礼を申し上げます。

私の、トトロは、私の心のなかで、いつまでも元気です。

よどがわ・ながはる◉一九〇九年兵庫県生まれ。映画評論家。二八年神戸三中卒業後、映画世界社編集部入社。その後、映画会社の宣伝部等に在籍した後『映画之友』の編集長に。六〇年、テレビの「ララミー牧場」の解説を担当し、人気を博す。「日曜洋画劇場」の映画解説で活躍。著書に、『淀長映画館』『還暦なんかブッとばせ』『わたしは映画からいっぱい愛をもらった』等多数。九八年没。

『となりのトトロ』解題

大塚英志

最初にまず大切なことを書いておく。それは、宮崎駿監督作品『となりのトトロ』と高畑勲監督作品『火垂るの墓』は公開時、映画館で併映された、という事実だ。本書を手にした人の多くはDVDやTV放送でそれぞれ別々の作品として『トトロ』と『火垂る』を見ているはずだ。しかし、映画館でこの二作を連続して見た人は恐らくは少数派だ。というのは、興行成績としては「これはもうひどかったです」(宮崎駿「風の谷から油屋まで」『風の帰る場所　ナウシカから千尋までの軌跡』二〇〇二年、ロッキング・オン)と宮崎が述懐するほどではないにせよ、『ナウシカ』を下回り、そもそもこの時期のジブリ作品は現在のように国民映画的な人気を博してはいない。二作の上映は『トトロ』『火垂る』の順番だとされ、今のように入れ替え制の劇場はそう多くはなかった気もするので、その逆の順番で見た観客もいるのだろうが、この二作を改めて連続して見た時、愕然とするのは、この二つの作品が互いに互いの「批評」になっている、ということだ。改めて確認しておくが『ナウシカ』『ラピュタ』でプロデューサーと監督という形で一つの作品にかかわってきた高畑勲と宮崎駿は、初めて別々の作品の監督同士として対峙する。『太陽の王子ホルスの大冒険』(一九六八年)で出会って以降、いくつかの例外はあるのだろうが、宮崎と、宮崎に常に寄り添ってきた高畑が離れ、こういう言い方が妥当かどうかはわからないが、宮崎駿が「自立する」最初の作品である『トトロ』に、高畑は『火垂る』をぶつけてきた、とぼくには思える。ぶつけた、という言い方はいささか乱暴だが、しかし『トトロ』と『火垂る』は互いに互いを照らし合うような関係になっている。だから二つの作品は対として見ることがとても大切だ。

そのことの詳細な検証は『火垂るの墓』の解題でも行うが、ここでは主として『トトロ』の側から見えてくる問題を中心に論じていく。

二つの作品が互いに反転した関係というのはこういうことだ。

二つの作品は年長である兄あるいは姉と年少の妹がいて、父は不在（ないしは不在がち）、母は病気がちである点で共通の骨格を持っている。しかし病気がちの母は『火垂る』では死に、『トトロ』では回復が予感される。両親の不在という局面では年長の兄・姉は健気なまでに妹を守ろうとするが、『火垂る』の兄は守り切れない。迷子になったメイは無事である。そういう物語の要素が一つ一つそっくり反転した関係になっているのだ。

もちろんそれだけなら、つまり年長と年少の兄妹姉妹という組み合わせや、両親の不在は「グリム童話」がそうであるように物語の普遍的な構成要素だから偶然の一致だと言えなくもない。しかし、以下のような一致は「偶然」なのか。

『トトロ』においてサツキとメイが暮らす家に隣家のカンタが引越祝いのオカモチを持ってきて、そして「やーいおまえん家お化け屋敷」と言って逃げていくシーンが冒頭にある。『火垂る』では兄と妹が暮らす防空壕の横穴に近所の子供たちがやってきて、あれこれ詮索した後で兄の気配に気づき「お化けが出た」と叫び去っていくくだりがある。

あるいはこういう細部にも注意したい。宮崎による『トトロ』の演出覚書の中に「クセッ毛をお母さんになぜつけてもらうのが好き」（宮崎駿「『となりのトトロ』演出覚書―登場人物について」一九八七年、『出発点　1979〜1996』一九九六年、徳間書店）とあり、実際病院に母を見舞いに行くくだりで、サツキの髪を母がブラシでとかすくだりがある。母が「おいで」とサツキに言い、髪をとかしてやろうとするとメイが割り込もうとするが、サツキは「じゅんばん」と言って「断固としてしりぞける」（宮崎駿の絵コンテの記述にそうある）。「相変わらずのクセッ毛ね。わたしの子供の頃とそっくり」と言う母。「大きくなったらわたしの髪もお母さんのようになる？」と言うサツキ。母の不在に健気に耐えるサツキは、しかしこうやって母に甘えることができる。『火垂る』には髪をとかしてくれる母はおらず、兄が櫛を買い求め妹の髪をすくシーンが描かれる。髪をとかすことをめぐって、二組の子供たちの境遇の決定的な差異が鮮明に描かれる。

　そもそも『火垂る』の記者発表資料と『トトロ』の企画書の冒頭をこんなふうに並べてみよう。

〈池のほとりの横穴に、十四歳の少年が四歳の妹を連れ、ふたりきりで住んでいる。七輪ひとつと布団・蚊帳をもちこみ、冒険ごっこかママゴトか、枯木を拾って飯を炊き、塩気が足りぬと海水を汲《く》む。池で体を洗い、泳いだついでにタニシをとる。〉

（高畑勲「『火垂るの墓』と現代の子供たち」とんぼの本『アニメの世界』一九八八年、新潮社、『映画を作りながら考えたこと』一九九一年、徳間書店）

〈近所の農家の少年カンタは、サツキにおまえの家はお化け屋敷だと脅かします。そのとおりでした。庭で遊んでいたメイは、目の前を歩いていく自分くらいの変ないきものに目を丸くします。

お化け……。

メイはさっそく二匹のあとについて歩き出しました。〉

（前出「『となりのトトロ』演出覚書」『出発点　1979〜1996』）

二つの文章を通して読んでしまえば一連の物語として読むことはさほど無理がない。しかし『トトロ』と『火垂る』は二つの作品として創られた。そのことがとても興味深い。

その二つの「世界の差異」が一番はっきりと対比をなすのはこういうくだりだ。

『トトロ』の冒頭、サツキとメイが引っ越してきて家の中でマックロクロスケに遭遇するくだりだ。屋根裏部屋で逃げていくマックロクロスケの一群を見つけたメイはパチンと両手で捕獲して階下に駆け下りてくる。そして、メイがそっと掌を開くと、両手が真っ黒に汚れている。バアちゃんに手を見せると「こりゃススワタリが出たな」とその〝正体〟を説明し、「小ちぇ頃にはわしにも見えたが。そうかい、あんたらにも見えたんけ」とうなずく。『トトロ』の作中世界がまさに「トトロのような何者かのいる世界」であることが暗示されるくだりである。

対して『火垂るの墓』では親族のいる家から疎外され、助けてくれる大人のいなくなった二人の前に螢の群れが現われる。妹はメイと同じくパチンと両掌で螢を捕える。妹は「ああ」と嘆く。掌の中に残るのは潰れた螢の死骸である。二人は防空壕で暮らすようになり、兄は妹のために蚊帳の中に螢を放すが翌朝には全て死骸となって、妹は土を掘り「火垂るの墓」を作る、という作品の題名の由来にもなるシーンである。

二人の妹の掌に残るマックロクロスケのススと螢の死骸。二つの作品世界の決定的な違いがはっきりと対置されているではないか。

このように、二つの作品はこういう一つ一つの細部がことごとく対立関係にあり、ぼくには一方が他方を反転させた、互いが互いのポジとネガのように向かい合っているように見える。ぼくはこの『ジブリの教科書』シリーズの「解題」を高畑勲と宮崎駿の「戦い」としてトレースするつもりで書くと『ナウシカ』の解題で記したが、『トトロ』『火垂る』は単に同時上映という興行的意味を越えて、このような一方が他方の「批評」となる、という何とも壮絶な関係にあるのだ。そう考えると『トトロ』においてあのサツキとメイの家に楠の木が一本あり、『火垂る』において死んだ母の墓の所在について兄が妹に告白するくだりで、楠の木のある墓所だと説明するのももはや偶然とは言い難い。母の眠る楠の木の下の墓所に戦地で死んだ父も、作中では死者として物語の傍観者の位置にある兄と妹もまた葬られるはずなのだ。webでは『トトロ』についてのいわゆる都市伝説が多数存在し、その中にはサツキやメイが死者である、というものが少なからずある。しかし『火垂る』において死者として物語の外から作中を見つめる兄妹の姿と、『トトロ』のラストにおいてサツキとメイがトトロとともに両親を樹の上から見下ろすくだりが重なりあったとしても、それはある意味で当然なのだ。そう記すと『トトロ』都市伝説発生の責任の一端が高畑勲にあるように聞こえるかもしれないが、ネット上の都市伝説が『トトロ』から「死」や現実の事件の暗喩を強引に読みとろうとする態度は、逆に『トトロ』が「死のない世界」

として徹底して設計され、そのことが「死のある世界」である『火垂る』との対比があって鮮明になった結果と言っていい。『火垂る』を見る度に、これほどにある意味で即物的でさえある死体がくり返し描かれるアニメーションが今まであったのだろうかとぼくなどは感嘆するが。それはぼくがサイコサスペンスの作者として表現する記号化された死体《ボディ》とは根本的に違うものである。

　このように『トトロ』『火垂る』において「死」をめぐって両者が鮮明に分かれたことの意味は重要だ。つまり『ナウシカ』のラストの犠牲死の問題、『ラピュタ』の「漫画映画」的世界において「高いところから落ちても死なない」主人公たちと落下していく「敵」たちの対比のどこか整理されていないところにぼくは釈然としない部分があったが、それは「死」をめぐる曖昧さの問題としてあった。だから二人が監督として二つの作品に分かれた時、「死」というものとの向かい合い方がこのように鮮明に分かれたことにぼくは納得がいく。ここではこれ以上、この「死」の問題に踏み込まないが、しかし宮崎が「死」のない世界を描いたことは、そういうリアルなものからファンタジー的な世界に逃避した、などという単純な見方だけはするべきではない。そのことだけは注意を促しておく。

　前回の『ラピュタ』解題で、主人公のパズーが乱闘に巻き込まれそうになったくだりで親方のおかみさんがパズーを扉の内側にひょいと引っ張り込むシーンで、ぼくはジブリ作品の基調の一つである「子供がちゃんと大人に守られている世界」の萌芽を見たのだが、『トトロ』ではそれはより徹底している。母は病気がちでサツキの心は張り裂けそうだし、メイは迷子になる。しかしその世界には不幸な出来事は決して訪れないことが担保されている。たとえば宮崎は『トトロ』終盤でネコバスにサツキが乗り込み、メイの許に行くくだりで、ネコバスの行き先表示が「めい」に変わるシーンをこう説明する。

〈あのカタカタッとやったのは、小さい子にとっては、「めい」と出したほうが絶対安心するから、安心させてあげようっていう、演出ですね。気持ちよく終わらせるための。あそこで安心しないと、最後にメイが見つかった道のところで安心するのでは、終わるのが早すぎるんですよ。だから、ネコバスが出てきてカタカタッとなったところで、もう見つかるとわかっちゃう。そうすると、なんとなくお母さんも大丈夫だろうっていうふうに思うんですよ（笑）。〉

（宮崎駿「トトロは懐かしさから作った作品じゃないんです」『ロマンアルバムとなりのトトロ』一九八八年、前出『出発点　1979〜1996』）

「死のない世界」も、このような演出も一つ間違えば単なる甘さや偽善や予定調和になる。しかし、少なくともある一定の年齢までの子供たちに対する表現には大人たちがその世界の確かさを全面的に保証している、という「約束」は必要である。物語はまず子供たちに世界を信頼させるところから始め、そしてその後でいくらでも裏切ってやればいい（ぼくの仕事はもっぱら「裏切る」方だ）。『崖の上のポニョ』においても宗介とポニョについてリサとグランマンマーレの二人の母親が相談して決めるというくだりが全然劇的でないにもかかわらず、ぼくが正しいと思うのは同じことだ。そしてこのような「死のない世界」はやはり高畑の『火垂る』という「死のある世界」との対比によって、甘さや予定調和に堕落しない毅然としたものになっているように思う。そしてこれ以上は『火垂る』の解題に譲るが、高畑はただ「死」を描くことで『トトロ』に「現実」を突きつけようとしたのではなく、『トトロ』とは違う方法である種の「ファンタジー」や「寓話」を描こうとしているという点にだけは注意を促しておく。このことは高畑が『火垂る』制作中にはっきりと述べている。

〈ひとつは〈あり得ないことをあり得たと信じさせるまでに、現実感をもって描く力〉です。これには誰しも異論はないと思います。そしてもうひとつは〈よく知っていることをクッキリとした形に定着して、再印象させる力〉です。僕たちがいま「火垂るの墓」で取組んでいるのはこちらです。〉

（高畑勲「人間を再発見する力」とんぼの本『アニメの世界』
前出『映画を作りながら考えたこと』）

この高畑のコメントを理解する上で一つ重要なことは、高畑も宮崎もアニメーションという映画の形式で「リアル」を描こうとしているという態度がまず前提にある、ということだ。しかし、その「リアル」とはただ現実を即物的に画面に置き換えることを意味しない。「映画」はいかにして「リアル」であり得るか、「映画」にとって「リアル」とは何なのか、そういう問いかけがある。『ラピュタ』や『未来少年コナン』で宮崎が作画の力で主人公の窮地を救うことに押井守が違和感を表明したが、その力技もまた一つの「リアル」である。高畑はこのコメントで『トトロ』においてのリアルは「あり得ないことをあり得た」と信じさせるアニメーションの力であると、名指しこそしないが、語っている。そして自らの『火垂る』は「よく知っていること」(それは「戦争」を含む「現実」のことであろう)を「再印象させる」、つまりそれは正確に再現することではなく、認識の仕方を示すことにアニメーションの力がある、と高畑は考えていることがわかる。それは風景や人間のあり方だけでなく物語の水準でも同様のはずであり、「戦争という現実を正確に描くこと」ではなく、世界を「再印象させる」物語(それが本来、ファンタジーや寓話などの「物語」が担っていた役割である)を『火垂る』は目指しているわけだ。

それにしてもこのような二人の「戦い」は互いに意図されたものなのか否かは興味がわかないわけではない。それについては宮崎はこんなふうに語っている。

〈だから、『トトロ』でも螢は飛ばしたかったんだけど、両方螢が飛んでるのもまずいから、それは結構、僕はちゃんと高畑さんに聞いて、『やっぱり螢、飛ぶんですよね?』『飛びます』『じゃあ、僕のほうは飛ばしません』って。〉

(前出「風の谷から油屋まで」『風の帰る場所　ナウシカから千尋までの軌跡』)

「螢」をめぐってお互いが探り合っているようにも見えて興味深い。高畑の方の進行が遅れていたというから、理論家・高畑がじわりじわりと後を追う形で『トトロ』を追いつめていったのかなとぼく個人の勝手な想像では思っていたが、こういう証言を見るとマックロクロスケと螢を捕まえるくだりはどちらが仕掛けたのだろう、と想像は膨らむ。しかし、この時二人の監督は本当に合わせ鏡のように互いに作り手としての根本的なあり方や創造力さえも共有し、その両者が一つのスタジオの中で作品を文字通り競作したのだから、二つの作品が共鳴し合わないことの方がおかしいのだ。

さて、もう少しここではアニメーションにおける「リアル」の問題について『トトロ』に添って考えておきたい。

まず『ラピュタ』の解題でも記した、高畑と宮崎が共有しているであろうアニメーション表現におけるリアリズムとは以下のように要約できる。

〈アニメーションでは、ほとんどあらゆる仕事が分解・分析抽象と再構成・総合具象化の手続きを踏まなければならない。現象を整理し、要素や本質を摑み出し、それを再び構成し直して衣を着せる。〉

（高畑勲「講座アニメーション　3」イメージの設計、一九八六年、美術出版社、前出『映画を作りながら考えたこと』）

難解な表現だが、例えば一つの表現すべき動作があったとして、それを「分解・分析」しないと動画にはできない。しかしそれは映画のフィルムが「動き」をフィルムのコマに機械的に分解することとは本質的に異なる。アニメーションの場合、単にフィルムのコマに動きを「分解・分析」するのではなく「分解・分析抽象」という「抽象」の二文字が入る。つまり「分析」され「再構成」される過程に「抽象」化と再度の「具象」化という手続きが入るのである。この抽象化を経由しての再構成は明らかにロシアアヴァンギャルドや未来派・構成主義の考え方で、ディズニーなどの戦前のアニメーションの中に今村太平らが見出したものだ。この抽象化によって「本質」を掴み出し再構成するという考え方を一枚絵で行えばマレーヴィチや、もう少しわかり易く言ってしまえばピカソにもなり、「動き」という関心を向ければジャコモ・バッラの「マキーナ・ティポグラフィカ」のような印刷機械を演ずるパフォーマンスにもなるのだろう。今村太平ら戦前のアヴァンギャルドの影響下にある批評家や理論家はそれと同じ運動の抽象と再構成をディズニーアニメの動きの中に見たのである。

さて『トトロ』において宮崎が執筆したのは「走る」という運動の抽象化と再具象化である。高畑が理論として述べたことを宮崎は徹底して実践し返そうとする。

そもそも「走る」という身体運動はサツキの本質として規定されているものだ。宮崎による登場人物の覚書にはこうある。

〈お陽さまをいっぱい浴びて育ったような、はきちれそうな活力のある少女。柔軟で弾力のあるのびのびした身体。快活なはっきりした表情、よく動くひとみがもの事をしっかり見つめている。しっかり者。母がいない家庭で、主婦の力量すら発揮している。勿論、ただのネアカではない。陰影を内面に持っているが、でもいまは、すぐ走りたがる脚とキラキラした感受性のままに生きている。

いわゆる少女っぽい事は好きではない。走り跳び笑うのが大好き。〉

（前出「『となりのトトロ』演出覚書」『出発点　1979～1996』）

このように「走る」という行為はサツキのいわば内面の表象であり、彼女の現在の本質である。だから『トトロ』において宮崎は「走る」という運動の作画に執着する。「実際の人間の走りを分解して描き移しても、走っているようには見えない。」（宮崎駿「続・発想からフィルムまで①」『月刊アニメーション』一九八〇年、ブロンズ社、『出発点　1979〜1996』）と宮崎が言う時、宮崎は高畑原論を経由して、今村や戦前のアニメーターやアヴァンギャルド芸術家の歴史の上に確実に居ることが改めて確認できる。

話を戻す。では「走る」という「運動」をどう再現するか。

〈スポーツならともかく、野山を走るとき、同じリズム、同じ歩調、同じポーズで走れるだろうか。近距離を走るときと、長距離を走るときでも、おのずと走り方も違うはずだ。

無数の走りを描いていく……。その元は、実は観察から生まれている。一つの形式ができたとき、それはたちまち形式化して生命を失うはめになる。不断の観察によって、パターンを何度も現実に投げ返してみる努力が必要なのだと思う。

（中略）作画のとき困難をともなうが、くり返しのときくらい使ってみてもよいのではないだろうか。〉

（前出「続・発想からフィルムまで①」『出発点　1979〜1996』）

これらは『トトロ』より十年前に宮崎が語ったアニメーション創作論だが、本書にも収録されたインタビュー「トトロは懐かしさから作った作品じゃないんです」においても、この「走り」

をめぐる作画論は語られる。そしてアニメーターたちの現状を「走らないんですよ。みんな、記号で覚えてるだけで、走ってくれないんです。」と嘆く。宮崎たちが「抽象化と再構成」の中で作り上げていった「動き」をその思考過程を理解せずにただ機械的にしようというアニメーターたちに苦言を呈する。このことからも「走る」ことへの宮崎の拘泥が作画技術という表層的な問題ではないことがわかる。これは「世界」との関わり方の問題なのだ、と宮崎は言いたげだ。

〈それだけじゃないですね。そういうことに興味を持ってない人たちが多すぎる、アニメーターの中に。そういうことやりたいと思って入ってきたんじゃなくて、現実を忘れてどっか別のところへ行きたいと思ってる人、多いでしょ。爆発とかね。活劇をやってるときは気にならないものでも、「トトロ」でやったらものすごく気になったですね、サツキとメイだけじゃなくていろいろなことを含めて。だいたい子どもたちが同じリズムで走るはずがない。〉

(前出「トトロは懐かしさから作った作品じゃないんです」『出発点　1979〜1996』)

「走る」という現実の人間一人一人の身体に興味を持てよ、という宮崎の発言、そしてその前提としてサツキの設定にあった内面というものは身体によって表現されるものなのだ、という宮崎の考え方は、外の世界から切断された「内面」だけが肥大し、それが身体表現と結びつき難くなっている今の時代の困難さを正確に語っていると改めて思う。

そして「走る」という問題一つとっても、やはりそこでは『火垂る』との明確な対比となっている。

『火垂る』においては海辺のシーンで空襲警報が鳴り、兄と妹は「走る」が妹は「おなかすいた」「つかれたわ」としゃがみ込む。兄が最も全力で「走る」のは、妹のために深夜畑に盗みに入ったところを発見され、逃げるくだりである。サツキもまたメイを探して「走る」が妹のために「走る」二人の年長の子供には明確なコントラストがある。『火垂る』では兄も妹もその内的なものの発露として、小さな子供の当然のふるまいとしての「走る」という行為を奪われてしまっているのである。

さて、最後に触れておきたいのはトトロの意味である。そもそも宮崎は『ラピュタ』を作っている最中に『トトロ』をやりたい想いが強くなったと述懐している。

〈『ラピュタ』で銃かなにかを描いているときに、こんなもん、つまんないなあっていうかね。やっぱりカンカン照りのとこでポケーッと立ってる女の子の前をね、本人は消えてるつもりで、なんか変な生き物が通っていくってていうね、そういうものをやるべき時期がきてるんじゃなかろうかと思いつつ、『ラピュタ』をやってたんですよ(笑)。〉

(前出「風の谷から油屋まで」『風の帰る場所　ナウシカから千尋までの軌跡』)

この「ポケーッと立ってる」子供の前を通り過ぎる「変な生き物」というトトロのイメージは、心の美しい子供にしか見えないといった意味では当然、ない。多分、トトロと出会う時、この子供がたった一人でいることが大切なのだ。まず、これが第一に重要な点。

更に宮崎はトトロのあり方についてこうも語る。

〈大〜きくて、呆然と立ってるっていう。だから、みんながトトロを描くと似ないんですよ。なにが似ないかっていうとね、みんなの描いたトトロっていうのは、なにかものを見てる顔になっちゃうんですよね。でも、見ちゃいけないんです（笑）。焦点の合っていない、なんだか得体も知れず、茫洋としてたほうが神聖さみたいなものを感じさせるような気がするんですよね。気をキかしたり相手の気持ちをおもんぱかったりするのは自分たちでもできるから、とにかく呆然とそこにいて安心させてほしいっていう、そういう存在を誰でもどっかで望んでると思ったんです（笑）。誰でもかどうかわかりませんけど。なんていうか、役に立つのか立たないのかわかんない〉

（同）

要するにトトロとは、ただそこにいるだけで役に立たない、しかしそこにいることで安心できる、という更に二つの要素からなっている、とわかる。

確かにトトロはそういう存在である。これはジブリ美術館で上映されている『めいとこねこバス』を観る度に思う。ジブリ美術館はぼくの仕事場からとても近いので、この作品が上映されるとぼくは昼間いそいそと一人で見にいく。平日だから小さい劇場内はたいてい近くの幼稚園の子たちなどで埋まっている。ストーリーはシンプルで、メイが仲良くなったこねこバス（一人乗りでとてもかわいい）に乗ってお化け集会に行って帰ってくる、という児童文学者・瀬田貞二が言うところの「行きて帰りし物語」に忠実な短編なのだが、中盤、メイがお化け（といってもトトロ型のお化け）の集団に迷い込むくだりで、メイがお化けに囲まれるシーンで場内の子供たちから必ず「恐い」という小さな呟《つぶや》きが上がる。「お化け」と言っても、別にトトロの仲間みたいなものだし、何かいじめられるわけでもない。この時の「恐い」はお父さんお母さんのところを離れて一人でどこかに来てしまった時の「恐さ」なのだ。

そして「恐い」というどうにも愛おしい呟きが二つ三つ洩れた後の絶妙のタイミングで、トトロがのっしのっしとやってくる。それで子供たちは拍手喝采である。ここにもうトトロの本質が全て表現されている、とぼくは感心する。

もう一度、おさらいすると、トトロは①一人でいる時にやってくる②基本的に役に立たない③そばにいてくれると安心する、という三つの要素である。

実はこういう存在を発達心理学者のD・W・ウィニコットは「移行対象」と呼んだ。それは子供が親から少しずつ自我が分離し、一人の「人」として自立する過程の中で必ず登場する存在なのだ。こう書くと何か難しそうだが、つまり小さな子供がしばしば執着する肌身離さず持っている汚れたぬいぐるみやタオルケット、一番わかり易い例を挙げればチャールズ・M・シュルツの「スヌーピー」のまんがに出てくるライナスが手にしている毛布が「移行対象」だ。子供は少しずつ母親から離れていく中でぬいぐるみや毛布という役に立たないけど側にあって安心するものをそれぞれ見出し、その存在が時に一つの空想を産んでいく発芽にもなり、自分の世界を切りひらいていくきっかけにもなる。いわゆる「空想の友達」も移行対象の一例だ。

サツキもメイも父親は不在がち、母は入院中で、本当はとても不安だ。最初にメイがお父さんが仕事でかまってくれない時にトトロに出会う。サツキはお父さんの帰りが遅れ、メイが寝てしまい、いくら姉として気丈にがんばっていたって途方に暮れて、バス停で待っているとトトロがいる。そこで何かをしてくれるわけではない。ただトトロがいることでサツキの不安が無くなる。

いや、物語のラストでトトロはサツキのためにネコバスを呼んでメイを捜してくれてちゃんと役に立ってるじゃないか、と思う人もいるかもしれないが、トトロの主観ではそうでもないのだよ、と宮崎は言う。

〈それから、サツキが悲しんでいるから、トトロが同情したっていう描写は、いっさいしないと決めていました。サツキがメイを捜しているところもとてもかわいい。メイなんかすぐそこにいるじゃないか。だから、それじゃサービスして、ネコバスで連れてってやった……ただそれだけですよ、あのシーンは。サービスしたって意識もないかもしれないですね。〉

（前出「トトロは懐かしさから作った作品じゃないんです」『出発点　１９７９〜１９９６』）

あれは単なる「サービス」なのだそうである。

この「トトロ」的なものの元型は『パンダコパンダ』のパンダの親子に見出すことができるのは言うまでもない。両親の不在時にやってきて役に立たないがいるだけで安心する、という定義に当てはまる。そして「ライナスの毛布」としてのキャラクターは『魔女の宅急便』の黒猫のジジや『千と千尋の神隠し』のカオナシなどにもくり返し表現されることになる。トトロやこれらのキャラクターが小さな子供にとって愛おしくてたまらないのは、人が成長する過程で両親などの庇護者の代償とする「ライナスの毛布」のポジションに作中に正確に置かれているからである。

ここでもう一度『火垂る』と対比を試みるなら、あの兄妹の前にはトトロは現われない。替わりに妹は小さなママー人形を肌身離さず持っている。発達心理学的にはあれは「移行対象」のはずだ。しかし兄が出掛け一人で待つ妹の儚い人形はただの人形としてしかなく、トトロもネコバスも現われない。当たり前に聞こえるかもしれないが、この先、宮崎は「トトロのいる世界」を描き、高畑は「トトロのいない世界」を描くことになる。二人の映画作りの主題がここで「移行対象」をめぐって鮮明に分かれる、とぼくには思える。

さて、大切なことはこの「ライナスの毛布」は実は大人になる中で忘れられてしまうことだ。というより、きちんと忘れなくてはいけないのだ。ジジがラストでもう口をきかずにただの黒猫になってしまい、カオナシが銭婆のところに残るのはそういう意味だ。だから『めいとこねこバス』にはサツキは登場しない。日本アニメーション時代に二人が関わった『あらいぐまラスカル』でも、両親の不和に悩むスターリングの前にラスカルは現われて、最後は森に帰っていくのである。作中では何も説明されていないけれど、きっとサツキは少しだけ大人びたカンタと一緒に学校から帰るようになったりして、トトロたちはもう見えなくなっている気がするのだ。実は『トトロ』においてサツキはちゃんと大人になっていく女の子として描かれている。

何故なら登場人物覚書にはこうあるからだ。

〈成長していく過程で、おそらく何回かの転機を持ち、サツキは奥行きのある女性になっていくだろうが、とにかく、この映画では、ハツラツとした魅力あふれる少女として描かねばならない。〉

（前出「『となりのトトロ』演出覚書」『出発点　1979〜1996』）

サツキの成長がはっきりと暗示されている。宮崎駿が『トトロ』の次回作『魔女の宅急便』でキキの成長を主題とするのは当然なのである。

おおつか・えいじ◉一九五八年東京生まれ。まんが原作者、批評家。国際日本文化研究センター教授。まんが原作の著書に『北神伝綺』『木島日記』『八雲百怪』の民俗学三部作、批評の著書に『「捨て子」たちの民俗学』（第五回角川財団学芸賞受賞）、『ミッキーの書式』などがある。

［出典一覧］

・ナビゲーター・あさのあつこ　トトロのとなりで。：書き下ろし

Part1

・スタジオジブリ物語『となりのトトロ』編：
『スタジオジブリ物語』（二〇一〇年／スタジオジブリ）を再編集

・鈴木敏夫　二本立て制作から生まれた奇跡：語り下ろし

・半藤一利　大きな忘れ物：書き下ろし

Part2

・特別収録1　宮崎駿　トトロは懐かしさから作った作品じゃないんです：
『ロマンアルバムとなりのトトロ』（一九八八年／徳間書店）

Part3

・インタビュー（男鹿和雄・斯波重治・久石譲）：
『ロマンアルバムとなりのトトロ』（一九八八年／徳間書店）

・インタビュー（二木真希子・保田道世）：語り下ろし

・特別収録2　宮崎駿×糸井重里　読者とか観客をちゃんとやれる人って少ないですよ、いま：
『素直にわがまま』（一九九〇年／偕成社）・『出発点［1979～1996］』（一九九六年／徳間書店）再収録

・特別収録3　宮崎吾朗「マックロクロスケ出ておいで！」の家：『サツキとメイの家のつくり方』（二〇〇五年／ぴあ）
・宣材コレクション：オリジナル編集
・映画公開当時の新聞記事を再録！：一九八八年四月二十日秋田魁新報（共同通信配信）／一九八八年五月十二日朝日新聞

Part4

・中川李枝子　鈴木さん・宮崎さん　そして　トトロと　私：書き下ろし
『さんぽ』JASRAC出1304764－301
・川上弘美　涅槃西風：書き下ろし
・鎌田東二　鎮守の森から見たトトロ論：書き下ろし
・ピート・ドクター　トトロから学んだこと：書き下ろし
・小澤俊夫　昔話の語法から見た『となりのトトロ』：書き下ろし
・藤森照信　人間の住まいに、お化けはどう住んだか：書き下ろし
・長島有里枝　トトロの中の家族の記憶：書き下ろし
・蓮田やすひろ　鏑木清方と『トトロ』の絵づくり：語り下ろし
・平松洋子　追憶のかなたで輝く味：書き下ろし
・特別収録4　淀川長治　私の、トトロ！：『トトロがいっぱい　TOTORO1988-1995』（一九九五年／徳間書店）

・大塚英志　『となりのトトロ』解題：書き下ろし

企画内容にあわせて適宜、加筆修正およびイラストの掲載を行っております。

宮崎駿 プロフィール

アニメーション映画監督。一九四一年一月五日、東京生まれ。

六三年、学習院大学政治経済学部卒業後、東映動画（現・東映アニメーション）入社。『太陽の王子 ホルスの大冒険』（'68）の場面設計・原画等を手掛け、その後Aプロダクション（現・シンエイ動画）に移籍、『パンダコパンダ』（'72）の原案・脚本・画面設定・原画を担当。七三年に高畑勲らとズイヨー映像へ。日本アニメーション、テレコムを経て、八五年にスタジオジブリの設立に参加。その間『アルプスの少女ハイジ』（'74）の場面設定・画面構成、『未来少年コナン』（'78）の演出などを手掛け、『ルパン三世 カリオストロの城』（'79）では劇場作品を初監督。雑誌『アニメージュ』に連載した自作漫画をもとに、八四年には『風の谷のナウシカ』を発表、自ら原作・脚本・監督を担当した。

その後はスタジオジブリで監督として『天空の城ラピュタ』（'86）『となりのトトロ』（'88）『魔女の宅急便』（'89）『紅の豚』（'92）『もののけ姫』（'97）『千と千尋の神隠し』（'01）『ハウルの動く城』（'04）『崖の上のポニョ』（'08）を発表。二〇一三年『風立ちぬ』の公開後に引退を発表したが、二〇一七年五月、再び長編アニメ映画を製作することを明らかにし、現在、『君たちはどう生きるか』を製作中。

『千と千尋の神隠し』では第五十二回ベルリン国際映画祭金熊賞、第七十五回アカデミー賞長編アニメーション映画部門賞などを受賞しており、『ハウルの動く城』では、第六十一回ベネチア国際映画祭でオゼッラ賞を、続く第六十二回同映画祭では、優れた作品を生み出し続けている監督として栄誉金獅子賞を受賞している。

特殊効果　谷藤薫児

動画

坂野方子　コマサ
槇田喜代子　田中立子
水谷貴代　椎名律子
諸橋伸司　大谷久美子
松井理和子　服部圭一郎
遠藤ゆか　尾崎和孝
手島晶子　岩柳恵美子
宮崎なぎさ　前田由加里
竹縄尚子　岡部和美
新留理恵　岡田正和
山懸亜紀　日暮恭子
渡辺恵子　福富和子

スタジオファンタジア

吉田　肇　北村直樹
長野順一　山本　剛
大田正之

アニメトロトロ

山浦由加里　石井明子
伊藤広治　川村忠輝

ドラゴンプロダクション

仕上

スタジオキリー

岩切紀親　西牧道子
高橋直美　渡辺信子
渡部真由美　大出美智子
森沢千代美　吉田久子
山村及利子　大川直子
工藤百合子　高木夕紀
原田徳子　梶田とよ子
米井フジノ　高橋愛子
柳　登紀　岡　美代子
山根　文　田中初江
太田美智子　安達順子
藤野洋子　村田佳子

スタジオステップ

京野由紀　朝日朋子
塙　洋美　沢内順美
鈴木怜子　渋谷礼子

竹倉博恵　スタジオルンルン
童夢舎　スタジオビーム
スタジオ雲雀　協栄プロダクション
グループジョイ　トランスアーツ

背景

小林プロダクション

木村真二　白石　誠
松室　剛　大塚伸弘
田中貞彦

アトリエブーカ

金子英俊　田村恵子

山川　晃
伊奈淳子
松浦裕子

撮影

スタジオコスモス

黒田洋一　池上元秋
前原勝則　鈴木典子
大藤哲生　佐伯　清
池谷和美　野口博志
伊藤　寛　難波充子
杉山知子　鈴木克次
池上伸治

映画『となりのトトロ』 STAFF&CAST

製作 徳間康快

企画 山下辰巳
尾形英夫

作画 佐藤好春

美術 男鹿和雄

音楽 久石　譲

歌 「さんぽ」
作詞／中川李枝子
「となりのトトロ」
作詞／宮崎　駿
作・編曲／久石　譲
歌唱／井上あずみ

原画
丹内　司　大塚伸治
篠原征子　遠藤正明
河口俊夫　田中　誠
金田伊功　近藤勝也
二木真希子　山川浩臣
田川英子

背景
松岡　聡　野崎俊郎
太田清美　吉崎正樹
武重洋二　菅原紀代子

仕上 保田道世

撮影 白井久男

編集 瀬山武司

動画チェック 立木康子
舘野仁美

色指定 水田信子

仕上検査 本橋政江

録音演出 斯波重治

調整 井上秀司

効果 佐藤一俊

制作担当 田中栄子

制作デスク 木原浩勝
川端俊之

演出助手 遠藤徹哉

原画協力 マッドハウス
新川信正
岡村　豊

工藤正明

仕上検査 立山照代
成田賢二
中村美和子

声の出演

サツキ	日高のり子
メイ	坂本千夏
とうさん	糸井重里
かあさん	島本須美
ばあちゃん	北林谷栄
トトロ	高木　均
カンタの母	丸山裕子
先生	鷲尾真知子
本家のばあちゃん	鈴木れい子
カンタの父	広瀬正志
カンタ	雨笠利幸
草刈り男	千葉　繁

龍田直樹	TARAKO
西村智博	石田光子
神代智恵	中村大樹
水谷優子	平松晶子
大谷育江	

制作進行　伊藤裕之
鈴木高明

編集助手　足立　浩

タイトル　高具アトリエ

仕上技術協力　城西デュプロ
村尾　守

協力　徳間書店アニメージュ編集部

効果助手　小野弘典

台詞編集　依田章良

録音演出助手　浅梨なおこ

録音スタッフ　住谷　真
福島弘治
大谷六良

録音制作　オムニバスプロモーション

音楽制作　三浦光紀　渡辺隆史
株式会社徳間ジャパン

録音スタジオ　東京テレビセンター

現像　東京現像所

協力　株式会社博報堂

DOLBY STEREO®
一部上映館を除く
技術協力　極東コンチネンタル株式会社
森　幹生

徳間書店
「となりのトトロ」製作委員会

加藤博之	鈴木敏夫
金子　彰	亀山　修
粕谷昌宏	白石彦五郎
田所　稔	小鷹久義
大塚　勤	小林智子
佐々木崇夫	横尾道男
朝生　茂	坪池義雄
	吉田哲彦

制作　スタジオジブリ

プロデューサー　原　徹

原作・脚本・監督　宮崎　駿

文春ジブリ文庫

ナビゲーター　あさのあつこ
特別協力　大塚英志（国際日本文化研究センター教授）
本文デザイン　加藤愛子（オフィスキントン）

ジブリの教《きょう》科《か》書《しょ》3　**となりのトトロ**

2013年6月10日　第1刷
2019年8月25日　第2刷

スタジオジブリ
文春文庫《ぶんしゅんぶんこ》
編

発行者　花田朋子
発行所　株式会社文藝春秋
東京都千代田区紀尾井町3-23　〒102-8008
TEL 03・3265・1211（代）
文藝春秋ホームページ　http://www.bunshun.co.jp
落丁、乱丁本は、お手数ですが小社製作部宛お送り下さい。
送料小社負担でお取替致します。

印刷・製本　図書印刷

Printed in Japan　ISBN978-4-16-812002-2　定価はカバーに表示してあります